VERLAG ANTJE KUNSTMANN

Axel Hacke

Alle Jahre schon wieder

Ein Weihnachtsbuch

Verlag Antje Kunstmann

Bilder von Michael Sowa

Zünden wir noch mal den Baum an?
Und andere Erinnerungen an Weihnachten

Ich glaube nicht, dass es Gott gibt. Trotzdem feiere ich Jahr für Jahr die Geburt seines Sohnes.
Das ist seltsam, nicht wahr?

Als ich klein war, gingen wir Kinder am Heiligen Abend mit den Großeltern in den ersten Stock unseres Hauses. Wir setzten uns an den Tisch in meinem Zimmer und spielten *Mensch ärgere dich nicht* oder *Rommé* oder *Canasta*, aber eigentlich warteten wir nur. Wir saßen da, unsere Hände bewegten Spielfiguren, Würfel oder Karten, und unsere Herzen warteten, dass es klingelte.
Wir hatten eine laute, grelle Hausklingel. An jedem Heiligen Abend schrillte diese Hausklingel gegen fünf Uhr, wenn es gerade dunkel geworden war. Wir Kinder ließen auf einen Schlag Spielfiguren, Würfel und Karten fallen, rannten auf den Flur, hinter uns die Langsam!-Langsam!-Rufe der Großeltern und vor uns die Mutter, die sagte: »Das Christkind war da!«

Nie habe ich das Christkind gesehen, immer war es schon da gewesen, wenn wir auf den Flur kamen, immer hatte es sich mit diesem Klingelton verabschiedet, das einzige Wesen, das an unserem Haus klingelte, wenn es *ging*, nicht wenn es *kam*.

❄

Neulich habe ich mein Lieblingsbuch wiedergefunden, ein zerlesenes Exemplar von 1952, ein Buch, das ich geliebt habe, als ich sehr klein war; nie wieder habe ich ein Buch so geliebt. Als ich es wiederfand, war die ganze Liebe wieder da …

Es heißt *Die Himmelswerkstatt* und beginnt mit den Sätzen:

»Wenn die Blätter von den Bäumen abgefallen sind, wenn die ersten Schneeflocken durch die Luft wirbeln und die Raben mit heiserem Gekrächz über die Wolken fliegen, wenn die Kinder, rotbackig und mit kalten Nasen, auf ihren Schlitten die Hänge hinabsausen, wenn es schon zeitig anfängt, dunkel zu werden, dann ist Weihnachten nicht mehr fern. Am Abend sitzt die Familie beim traulichen Lampenschimmer am warmen Ofen zusammen, die Bratäpfel schmurgeln, und aus der Küche dringt der Duft der frisch gebackenen Plätzchen herein. Das ist die schönste Zeit im Jahr, nicht wahr?«

So fing das an. So ging das weiter.

Kein Mensch würde heute noch so etwas schreiben, höchstens in ironischer Absicht: rotbackig, sausen, schmurgeln, traulich … Aber die Winter meiner Kindheit waren so: Ja, wir *waren* rotbackig, ja, wir *sausten* die Hänge hinab, ja, es *war* traulich.

Wir spielten nach der Schule mit großen Ästen, die wir im Wald gefunden hatten, Eishockey auf der schneebedeckten Straße. Wir gossen Wasser über die Hofeinfahrt und rutschten danach über das Eis. Wir zogen unsere Schlitten zu einem nahe gelegenen Golfplatz und fuhren die Hänge hinunter. Und wenn ich heimkam, lag ich in Decken gewickelt auf dem Sofa, trank heiße Milch mit Honig und weinte, weil meine langsam auftauenden Glieder schmerzten – und, ja, dann *schmurgelten* die Bratäpfel im Herd meiner Mutter.

❄

Oft, wenn ich an meine Zeit als Kind denke, sehe ich mich auf einer der mittleren Stufen der Treppe in unserem Haus sitzen und aus dem Fenster auf die Straße schauen. Abends. Ins Dunkle.

An solchen Tagen war meine Mutter aus dem Haus gelaufen, nach einem langen, lauten Streit mit meinem Vater. Sie schrie dann irgendwann, sie ertrage dieses Schweigen nicht mehr, diese Berührungslosigkeit, »dieses Grausame«. Dann lief sie weg, hinaus aus dem Haus. Ich hatte den Streit meistens schon von der obersten Treppenstufe aus verfolgt, manchmal hatte ich weinend gerufen, sie sollten aufhören, aufhören, aber sie hörten nicht auf. Wenn meine Mutter aus der Tür gestürzt war, rückte ich von der obersten auf eine der mittleren Stufe vor, um aus dem Fenster sehen zu können.

Da lief sie, den Mantel übergeworfen, durch den Garten zur Straße, dann nach links, die Straße hinunter, und verschwand hinter Ginsterbüschen. Und jedes Mal dachte ich, sie würde nie wiederkommen, sie würde wahr machen, was sie zuletzt gerufen hatte: dass sie nie wiederkomme.

Ich ging ins Bett und lauschte und wartete. Und irgendwann, ein, zwei

Stunden später, hörte ich die Haustür klappen und meine Mutter die Treppe hinaufkommen.
Dann schlief ich ein.
Und es gab diese anderen Tage. An denen ich etwas getan hatte, was meiner Mutter nicht gefiel, an denen ich ihrem Willen zuwidergehandelt hatte, an denen ich mit meinem Bruder gestritten hatte, an denen plötzliche Überforderung sie überwältigte wie ein Gewitter, an denen ihr Kopf sich rötete und sie nach einem Handfeger griff, mit dem sie mich verfolgte, an denen ich in den Keller flüchtete und die Tür hinter mir verschloss, um dann stundenlang auf einer anderen Treppe zu sitzen, im Dunkel, und zu warten, diesmal, bis meine Mutter weg war oder sich beruhigt hatte und die Röte aus ihrem Kopf gewichen war.
Der stumme, im Krieg schwer verletzte, von den Erlebnissen in sieben Jahren als Soldat in sich selbst zurückgetriebene Mann. Der kranke kleine Bruder mit dem Loch mitten im Herzen, um dessen Leben sie so oft fürchtete und dessen Schwäche der Vater kaum ertrug. Die Einsamkeit manchmal, in einer fremden Stadt, fern von der eigenen Familie. Bisschen viel das alles, bisschen sehr viel.
Aber Weihnachten war immer alles anders. Weihnachten gingen alle zusammen singend ins Wohnzimmer. Weihnachten saß ich morgens im Tannenduft und spielte mit den neuen Sachen. Weihnachten war immer schön. Weihnachten gab es keinen Streit. Weihnachten war stärker. Für ein, zwei Tage war es immer die Erfüllung eines Traums. Das haben sie immer geschafft, meine Eltern.
Das war schön für mich: zu wissen, dass es etwas gibt, das stärker ist als Wut, Angst, Überforderung.

Ich liebte *Die Himmelswerkstatt* nicht wegen des Textes. Ich liebte das Buch wegen seiner Geschichte und wegen seiner Bilder.
Es zeigt Kinder, die mit einem riesig-riesigen …
Riesig-riesig? Jetzt muss ich aber aufpassen, schreibe schon selbst in Schmurgelsprache.
Also: Kinder, die mit einem sehr großen Fernrohr in den Himmel blicken und dort die Himmelswerkstatt sehen, in der kleine pausbäckige Engelchen (sie heißen – festhalten jetzt, Leute! – Pummelchen, Rotschöpfchen, Schwipsi und Strampel) unter Anleitung des Weihnachtsmannes sowie weiterer gütiger älterer Herren Lebkuchen, Zimtsterne und Pfefferkuchen backen, an Drehbänken kleine Dampfer, Lokomotiven und aufziehbare Nashörner bauen, an langen Tischen Elefanten, Bären und Schafe ausstopfen und an großen Reißbrettern Hüpfhocker, fliegende Blechenten und Wasser spritzende Feuerwehrmänner konstruieren. Es zeigt auch eine Höllenwerkstatt, in der kleine Teufel (sie heißen Lumpazi, Schwefelstank, Eulenkreisch und Mäusepfiff) Kanonen mit verbogenen Rohren, schielende Puppen mit Wasserköpfen und schmutzige Plüschtiere basteln.
Und es zeigt, am Schluss, wie der Weihnachtsmann und die Engel mit großen Düsenflugzeugen (natürlich: »durch dichten Flockenwirbel«) zur Erde brausen, um den Kindern die Geschenke zu bringen.
Es zeigt diese ganze, durch keinerlei Ironie gebrochene Idylle, die klar gegliederte Weihnachtswelt eines barocken Atheismus (denn von einem Gott ist hier nirgends die Rede) in großen, prächtigen, detailfreudigen, liebenswürdigen, charmanten, seelenvollen Bildern voll praller Lebensfreude, die in krassem Gegensatz zu den kargen protestantischen Kirchen meiner Kindheit stehen. Emmerich Huber hat sie

gemalt, ein Mann, den heute kaum ein Mensch mehr kennt und den schon damals nicht viele gekannt haben. Er hat als Werbegrafiker gearbeitet und müsste für dieses Buch eigentlich berühmt sein, ist es aber nie gewesen – warum?
Ich weiß es nicht. Ruhm hat sich nicht ergeben für ihn.
Es gibt dieses Buch nicht mehr neu zu kaufen. Es ist irgendwann nicht mehr aufgelegt worden – vielleicht weil Kinder mit den Geschenken, die in dieser Himmelswerkstatt gebaut werden, heute nichts mehr anfangen könnten. Sie spielen nicht mehr mit Lokomotiven, aufziehbaren Nashörnern und Holzpferden auf Rollen, sie wissen nicht mehr, was eine Schreibmaschine ist, und sie glauben auch nicht mehr an den Klapperstorch. Es ist nicht die Welt unserer Kinder, die in dem Buch geschildert wird. Manchmal habe ich das Gefühl, ein großer Teil des heutigen Spielzeugs kommt aus der im Buch beschriebenen Höllenwerkstatt.
Wer will so ein Buch noch haben, einerseits? Andererseits: Es gibt das Buch auch in kaum einem Antiquariat mehr zu kaufen.
Warum?
Weil niemand, der es besitzt, es je wieder hergeben würde.

❄

Ein einziges Mal in meinen Kinderjahren kam zu uns der Nikolaus. Das ist folgende Geschichte.
In den Jahren, bevor mein jüngster Bruder zur Welt kam, wurde ein Zimmer unseres Hauses, jenes Zimmer nämlich, in dem später mein Bruder seine ersten Jahre verbringen sollte, an einen Handelsvertreter vermietet. Er hieß Volland und war Vertreter für Kaffee, den er in grö-

ßeren Mengen in unserem Keller lagerte, um ihn bei seinen Reisen mit sich führen zu können.
Dieser Keller und auch das Vollandsche Zimmer, ja, bisweilen unser ganzes Haus rochen deshalb nach Kaffee. Bis heute liebe ich den Geruch von Kaffee, manchmal bleibe ich vor Kaffeegeschäften stehen, nur um zu schnuppern, vielleicht hat diese Kaffeegeruchvorliebe auch mit jenem Volland zu tun, der ein lebensfroher junger Mann war.
Der uns Kinder in die Luft warf, wenn er von seiner Arbeit nach Hause kam.
Der dann mit uns schwimmen ging, mich auf der Querstange seines Fahrrades zu Ausflügen mitnahm, mit uns im Garten Fangen spielte.
Der also eine gewisse Lebensfreude in unser manchmal schwermütiges und überanstrengtes Haus brachte, auch Unordnung in das zu sehr aufgeräumte Leben meiner Eltern.
Mein Vater ging morgens stets um sieben aus dem Haus und stand um fünf Uhr wieder in der Tür, Tag für Tag, Woche für Woche, Monat um Monat. Volland aber verschwand bisweilen auf unerklärliche Weise. Er sagte nichts, war plötzlich für viele Wochen einfach weg, und wenn ich meine Eltern nach ihm fragte, sagten sie, sie wüssten es nicht, es sei eben so, dass Handelsvertreter wie er lange Reisen machen müssten, um all die Geschäfte zu besuchen, in denen ihr Kaffee verkauft würde.
»Hat sich eigentlich Volland mal gemeldet?«, fragte mein Vater einmal im Dezember meine Mutter beim Abendessen.
»Nein«, sagte sie. »Schon lange nicht mehr.«
Am nächsten Tag (ich war damals fünf oder sechs Jahre alt) gab es bei einem unserer Nachbarn ein großes Adventskaffeetrinken, zu dem fast alle Kinder unserer Straße mit ihren Eltern eingeladen waren. Da ging,

es war nachmittags um fünf und draußen fast schon dunkel, die Tür auf und der Nikolaus trat ins Zimmer. Er rief jedes Kind mit Namen zu sich, redete ein paar Sätze mit ihm, lobte es für dies und jenes und sagte auch sehr streng, was besser werden müsse in dessen Leben.

Als ich an der Reihe war, sagte der Nikolaus, er habe gehört, dass ich sehr gut in der Schule sei, weiter so, weiter so, dass ich aber auch ständig mit meinem Bruder streiten würde, ja, dass ich ihn kürzlich sogar im Keller eingeschlossen hätte, den Bruder, und dass das ein Ende haben müsse, mein Bruder sei kleiner als ich und nicht ganz gesund, ich solle also liebevoller mit ihm umgehen.

Dann strich er mir mit der Hand sacht über den Kopf.

Ich roch, dezent, aber deutlich: Kaffee.

Ein paar Tage später klopfte Herr Volland an meine Zimmertür, kam herein, setzte sich auf mein Bett und sagte: »Du hast mich erkannt, nicht wahr?«

»Ja«, sagte ich leise.

»Bist du traurig?«

»Ich weiß nicht.«

»Es könnte sein, dass du traurig bist, weil du denkst, ich hätte den Nikolaus nur gespielt. Und du hättest gerne den echten Nikolaus getroffen.«

»Ja.«

»Aber es ist umgekehrt.«

»Wie meinen Sie …? Umgekehrt …«

»Ich bin nicht Herr Volland, der den Nikolaus gespielt hat. Ich bin der Nikolaus, der den Herrn Volland spielt.«

Ich starrte ihn an. Er holte Luft.

»Hör zu«, sagte er. »Ich erzähle dir jetzt was. Ein Geheimnis. Dass niemand sonst kennt, nur du und ich. Du darfst es niemandem weitererzählen, und ich muss es ja sowieso für mich behalten. Versprich es!«

»Ja. Verspreche ich.«

Dann erzählte er. Von seinem Leben als Nikolaus. Dass er sich das ganze Jahr über tarnen müsse, nur im Dezember könne er den Kindern erscheinen. Aber irgendwo müsse er sich ja auch im Rest der Zeit aufhalten. Und da habe er sich den Beruf des Vertreters ausgedacht. Der eigne sich besonders gut, denn er müsse ja viel unterwegs sein, sich informieren über die Kinder, die er besuchen wolle, und auch deren Geschenke organisieren. Aber nie dürfe er das Jahr über als Nikolaus erkennbar sein, das sei doch klar, oder? Der Nikolaus könne nicht im Sommer irgendwo herumlaufen, nur im Dezember. Der Dezember sei seine Zeit.

»Ein seltsames Leben ...«, seufzte er.

Einige Monate später war er plötzlich weg, von einem Tag auf den anderen. Ein anderer Mann kam später vorbei und holte seine Kaffeevorräte ab, und meine Eltern sagten, Volland habe gekündigt. Er habe nur kurz angerufen und erzählt, dass er Arbeit in einem anderen Teil Deutschlands gefunden habe, weit weg von uns, und deshalb umgezogen sei.

Nie sah ich ihn wieder. Lange grübelte ich, ob er verschwunden sei, weil er mir sein Geheimnis erzählt hatte und nun fürchtete, ich würde ihn verraten. Ich hätte gerne mit ihm geredet und ihm geschworen, dass ich schweigen würde, aber das ging nicht. Er blieb weg.

Sein Nachfolger als Untermieter war auch Handelsvertreter, aber für Kölnischwasser. Auch er lagerte seine Vorräte im Keller. Nun schwebte

ein leichter Kölnischwasser-Geruch über allem, nicht einmal schlecht, aber ich mochte es nicht. Mir wäre Kaffeegeruch lieber gewesen.
Der neue Untermieter war nett, aber er brachte nicht diese Leichtigkeit mit, die Volland hatte. Er warf uns nicht in die Luft, er ging nicht mit uns schwimmen, er spielte nicht Fangen.
Einmal, zwei Jahre später, sah ich einen Nikolaus in der Stadt, er stand vor dem *Woolworth*-Kaufhaus und verteilte kleine bunte Fähnchen. Ich wagte nicht, zu ihm zu gehen.
Aber noch heute, als Erwachsener, schnuppere ich ganz unwillkürlich gelegentlich, wenn irgendwo der Nikolaus auftritt. Kaffee? Oder wenigstens Kölnischwasser?
Nein, da ist nichts, nichts mehr.

❄

Als ich größer war, fand ich jedes Jahr zu Weihnachten einen Band *Das neue Universum* unter meinen Geschenken, Jahrbücher mit Berichten über Erstaunlichkeiten aus aller Welt unter Überschriften wie »Die große Jagd auf Quarks« oder »Der Turm zu Babel« oder »Großwerften für Riesenschiffe« oder »Kuba – die Rote Zuckerinsel«. Da las ich eines Tages einen Bericht über die Maya und wie sie ihren Göttern regelmäßig Opfer brachten, junge Menschenopfer, denen bei lebendigem Leib das Herz herausgerissen wurde, um die Götter gnädig zu stimmen.
Ich war sehr froh, dass der Gott, den wir verehrten, jungen Menschen wie mir Bücher, Modelleisenbahnen und Marzipanbrote schenkte, statt unsere pochenden und blutenden Herzen zu verlangen.

❄

Das schönste Geschenk, das ich je bekam, war eine Modelleisenbahn. Ich bekam sie zu Weihnachten. Ich war neun oder zehn Jahre alt damals, vielleicht auch elf, ich weiß es nicht mehr. Aber ich erinnere mich genau an das Gefühl, als wir an jenem Weihnachtsfest ins Wohnzimmer traten und *O Tannenbaum* sangen. Wir sangen und sangen, und während wir sangen, grasten meine Augen den Tisch vor dem Christbaum ab, auf dem die Geschenke lagen. Aber ich konnte nichts erkennen, das für mich hätte bestimmt sein können, nichts Größeres jedenfalls. Nichts von Bedeutung. Eine kleine Enttäuschung begann sich in der Mitte meines Körpers zu regen, dort, wo die Enttäuschung sitzt; die Stelle befindet sich hinter dem Solarplexus, zwischen den Lungenspitzen.

Ich bin nicht sehr gut in Anatomie, aber wo die Enttäuschung sitzt, weiß doch jedes Kind.

Die Enttäuschung wurde größer, nachdem wir mit dem *O Tannenbaum*-Gesang aufgehört hatten und ich den Gabentisch mit den Händen filzte, zwischen lauter Kleingeschenken auf der Suche nach dem einen, dem großen, dem Hauptgeschenk, das es doch jedes Mal zu Weihnachten gab.

Nichts.

Meine Eltern genossen diese Verzweiflung noch eine Weile, ich weiß nicht, warum? Weil sie mir zeigen wollten, dass die Enttäuschung immer eine Möglichkeit ist im Leben, auch Weihnachten? Weil man lernen muss, wie es ist, enttäuscht zu sein?

Sie führten mich dann in den vielräumigen Keller unseres Einfamilienhauses – und dort, im hintersten Raum rechts, hinter der Tür, stand: die Modelleisenbahn, auf einer zwei mal drei Meter großen Pressspanplatte mit vier daruntergeschraubten Tischbeinen.

Ein Trafo. Ein Bahnhof von *Faller.* Gleise, eine Lok, Waggons von *Trix.* Leises Surren, wenn die fuhren. Glück.
Ich investierte einige Jahre lang fast mein gesamtes Taschengeld und viele Weihnachts- sowie Geburtstagswünsche in diese Bahn. In die Welt, die ich auf der Pressspanplatte aufbaute. Denn ich interessierte mich weniger für die Technik des Modellbahnfahrens, also für Lokomotiven, Waggons, Gleise. Sondern für alles, was sich dazwischen befand, also *Faller*-Häuser, *Wiking*-Autos und vor allem für die zwei Zentimeter hohen Figuren von … Hieß die Firma nicht *Preiser*? Jedenfalls, es gab Menschen dieses Formats, die man zwischen Häusern und Gleisen aufbauen konnte.
Ich kaufte mir Scharen von ihnen. Baute Häuser, einen Wald, einen Tunnel, einen Berg aus Gips, noch einen Wald, darin ein Försterhaus. In der Nähe eine Kleinstadt. Einen Freund hatte ich, dessen Vater war Hauptmann der Freiwilligen Feuerwehr im Nachbardorf, und dieser Freund hatte eine unglaublich große Sammlung von *Wiking*-Feuerwehrautos. Von denen brachte er immer zwei, drei Löschzüge mit, wenn er zu Besuch war. Wir sprengten mit Kanonenschlägen Häuser in die Luft und retteten dann mit den Löschzügen und vielen Feuerwehrleuten die Menschen.
Ich spielte da jeden Tag. Ließ meine Figuren einen Bürgermeister wählen. Inszenierte Eisenbahnunglücke. Autounfälle. Baute Straßen. Fußballplätze.
Für die Plastikmännchen war ich Gott. Es gab keinen anderen Gott neben mir, niemand, der mir in diese Welt hineinpfuschen durfte, schon gar nicht meine Brüder, vor denen ich diesen Keller verschloss. Heute stelle ich mir manchmal vor, wie diese *Preiser*-Männchen sich versammelten, wenn ich nicht im Raum war, und überlegten, wie sie sich

mir gegenüber verhalten sollten, mir, ihrem Schicksal. Wie sie dachten, mich gnädig stimmen zu können. Wie sie fürchteten, ich könnte die Herzen ihrer Kinder verlangen, als wäre ich ein Maya-Gott. Wie sie dachten: Einmal wenigstens könnte er doch auch uns Marzipanbrote schenken und solche Sachen. Und wie sie mich jedenfalls verehrten in nächtlichen Zeremonien, wie sie zu mir beteten und mich anriefen.

Mich, die Hand, die ihr Leben regierte, die jederzeit einen von ihnen herausgreifen konnte, um ihn an einen anderen Platz zu setzen.

Mich, den Herrn über die Katastrophen in ihrem Dasein.

Mich, den Unbegreiflichen, dessen Ratschlüsse ihnen unverständlich blieben. Den Kindgott, der es genoss, selbst alles zu wissen und doch den anderen unverständlich zu bleiben. Der es liebte, einmal selbst Quell von Erfüllung und Enttäuschung zu sein.

Mich, der manchmal ganze Tage mit ihnen verbrachte und sich dann wieder eine Woche lang nicht zeigte, weil Ferien waren und ich verreist war, oder was weiß ich.

Mich, der zur gleichen Zeit wie sie lernte, dass das Leben, wenn es gut geht, ein Wechselspiel ist zwischen Hoffnung und Enttäuschung, Sehnsucht und Erfüllung.

Eines Tages interessierte mich alles nicht mehr. Ich spielte nicht mehr Modelleisenbahn. Ich baute die ganze Sache ab. Was aus den Männchen geworden ist? Keine Ahnung. Bekam sie ein Cousin? Landeten sie im Müll? Auf einem Flohmarkt? Gibt es irgendwo einen Schrank, in dem die Zwei-Zentimeter-Kreaturen liegen? In dem sie Tag um Tag in unerhörtem Flehen verbringen, ich möge ihnen wieder erscheinen, möge meine Hand wieder über ihnen schweben lassen, möge ihr Dasein wieder mit Sinn erfüllen?

In dem eine ganze Welt auf mein Erscheinen wartet, immer und ewig vergeblich warten wird?

❄

Übrigens wäre das ja mal eine interessante Vorstellung (um den Gedanken von vorhin weiterzuspinnen, dass nämlich nicht wir vom Christkind oder vom Weihnachtsmann Geschenke bekommen, sondern dieses Kind oder dieser Mann nach alter Maya-Sitte Geschenke von uns verlangen kann): Wir bekämen dann irgendwann im Laufe des Jahres Wunschzettel zugeschickt, in denen der Weihnachtsmann – um jetzt mal bei diesem zu bleiben – seine Vorstellungen von den ihm zu überreichenden Geschenken äußert, und dann müssten wir diese Geschenke basteln oder einkaufen, hübsch verpacken. Und am 24. Dezember kommt er, klingelt schrill und holt sich alles ab. Trinkt mit uns einen Kaffee oder ein Glas Wein, bleibt vielleicht zum Abendessen und verschwindet dann mit seinen Gaben, wohin auch immer, bis zum nächsten Mal.

❄

Seit ich ein Kind war, gehören für mich Weihnachten und Marzipan untrennbar zusammen. Auf meinem bunten Teller befand sich immer ein Marzipanbrot, das ich in Scheiben schnitt, um es langsam – über den Abend – verteilt zu verzehren, daneben aber auch Marzipankartoffeln sowie aus Marzipan geformte Karotten, Bananen und Erdbeeren, denn meine Mutter achtete auf ausgewogene und gesunde Ernährung. Alles Marzipan aß ich stets zuerst; erst wenn kein Marzipan mehr da war, wandte ich mich den hohlen Weihnachtsmännern sowie dem in Stanniol gewickelten Christbaumschmuck aus Schokolade zu. Auch das musste ja gegessen werden.

Schon in den Wochen vor Weihnachten kaufte ich mir stets von meinem Taschengeld das zu dieser Zeit in den Süßwarenläden immer reichlich vorhandene Marzipan, ich konnte nicht genug bekommen davon. Meine Eltern erzählten mir schaurige Geschichten von Menschen, die so viel Marzipan gegessen hatten, dass sie an Marzipanitis erkrankten, einer unheilbaren Krankheit, bei der sich das Körperfleisch ins Weißlich-Beige verfärbt und eine körnig-buttrige Struktur bekommt, worauf es nicht mehr durchblutet wird und schließlich vom Skelett fällt, entsetzlich, aber wahr, doch ich blieb immer verschont.

Weihnachten und Marzipan sind in meinem Empfinden eine mindestens genau so enge Verbindung eingegangen wie Weihnachten und Schnee, fast noch inniger, denn Weihnachten ohne Schnee habe ich schon des Öfteren erlebt, Weihnachten ohne Marzipan aber noch nie.

Deswegen bereitet es mir Sorge, in den Zeitungen immer öfter zu lesen, die Weltmarzipanvorräte gingen zur Neige.

Als Kind habe ich mir manchmal vorgestellt, der Erdball wäre eine Marzipankugel, die von den auf ihr lebenden Menschen aufgegessen würde, sodass von Jahr zu Jahr immer mehr und immer dickere Menschen auf immer kleinerem Raum leben müssten, bis am Schluss einfach nichts mehr da wäre vom Globus und die Menschen frei im Weltraum schwebten.

Später lernte ich, dass Marzipan tatsächlich im Tagebau dem Erdboden vieler Länder (wie Marzipanien, Marzipú oder der Marzipak) abgerungen werden muss, dass aber keineswegs die ganze Erde Marzipan ist.

Noch später sah ich, welche Verheerungen der Marzipanabbau in diesen Staaten angerichtet hat, wie die süße Kruste quadratkilometerweit aus dem Land herausgekratzt wurde, sodass nichts blieb als geschundener, kahler Boden. Auch kann man Gegenden sehen, in denen die Erderwärmung bereits so weit fortgeschritten ist, dass jene Bodenschichten, die aus Marzipan bestehen, nur noch beiger Schlamm sind. Das Marzipan ist in der Hitze weich geworden, die Menschen waten darin wie in einer zähen Mousse.

Aber das gilt natürlich nur für die Weltregionen, in denen es überhaupt noch Marzipan gibt, und das sind nicht mehr viele. Immer tiefer muss man graben, immer unreiner ist das Marzipan, oft durchsetzt von hellgrünen Pistazienschichten, Schokoglasuren, Liköreinschließungen, groben Mandelstücken. Es ist der Tag absehbar, an dem die Menschheit die Weltmarzipanvorräte aufgegessen haben wird – und dann?

Bereits stehen in manchen Wohnungen zu Weihnachten kleine Behälter für Recyclingmarzipan. Und vor kurzem aß ich zum ersten Mal künstlich hergestelltes Marzipan, von einer Lübecker Firma produziert, angeblich aus Zutaten wie Zucker, Mandeln und Rosenwasser, man experimentiert da anscheinend noch herum.

Aber, wie soll ich sagen? Es schmeckt einfach anders. Mit dem Naturmarzipan meiner Jugend nicht zu vergleichen.

❄

Zwei Mal waren meine Großeltern (also die Eltern meines Vaters) im Krieg ausgebombt worden, zwei Mal sahen sie ihr Haus in Flammen aufgehen, zwei Mal konnten sie nur das Nötigste für sich retten. Deshalb

verlangte mein Großvater, wenn Weihnachten war, es müsse ein Eimer mit Wasser neben dem Christbaum stehen, wenn die Kerzen brannten. Ob nicht auch ein Eimer Sand und eine Decke nötig seien, fragte er, betrachtete ängstlich den Baum und die Kerzen, stieß Warnrufe aus, wenn eines von uns Kindern dem Baum mit den brennenden Kerzen zu nahe kam, und Mal um Mal warf er die Frage auf, warum mein Vater nicht elektrische Kerzen gekauft habe, damit sei man doch aller Sorgen ledig, mit elektrischen Kerzen könne nichts passieren, und schön seien sie auch.
»Zünden wir noch mal den Baum an?«, hieß es an jedem Heiligen Abend nach dem Essen, wenn die Eltern und die Großeltern wieder auf dem Sofa und in den Sesseln saßen. Als wäre es nicht genau das gewesen, was der Großvater am meisten fürchtete. Den *Baum* anzuzünden!
»Ist doch auch so ganz schön«, sagte er und verfolgte schlecht gelaunt, wie man seinem Willen zuwiderhandelte.
In den siebziger Jahren kaufte mein Vater dann elektrische Kerzen. Bald darauf starb mein Großvater.

❄

Meine Mutter war sehr klein gewesen, als ihre Mutter (meine Großmutter) ihren Vater (meinen Großvater) verlassen hatte. Die Geschichte ging so, dass der Großvater die Großmutter nicht gut behandelt hatte, wer weiß, was das hieß, damals? Ich weiß es nicht. Jedenfalls fuhr Großmutters Vater (mein Urgroßvater) eines Tages mit Pferd und Wagen vor dem Anwesen des Großvaters vor und lud Mutter und Tochter (die war da vielleicht zwei Jahre alt) samt deren Habseligkeiten ein. Sie fanden Unterkunft bei Verwandten in einer nahe gelegenen kleinen Stadt, lebten beide dort. Meine Mutter, so ist mir erzählt worden, war ein fröhliches, warmherziges, herzliches Mädchen, umgeben von vielen Tanten, Onkels, Cousinen. Aber dieses Mädchen lebte ohne Vater, der für sie zehn Jahre gar nicht mehr existierte, bis ihre Mutter (so ist es mir erzählt worden) mit ihr eines Tages einen großen Umzug in der Stadt beobachtete und auf einen Mann wies, der dabei, fünfzig Meter entfernt, oben auf einer Tribüne stand.

»Der da oben«, sagte sie, der Erzählung nach, »das ist dein Vater.«

Weit entfernt war der Vater für sie, ein Leben lang, und weit entfernt war oft später auch ihr Mann, mein Vater, nicht selten nur mit sich selbst beschäftigt. Meine Mutter war, an ihren guten Tagen (wie wir alle an unseren guten Tagen anders sind als an unseren schlechten), wenn sie sich sicher und zu Hause fühlte, das fröhliche, warmherzige, herzliche Mädchen. An ihren schlechten, unsicher und nicht zu Hause, war sie zurückhaltend, beobachtend, ängstlich vor der Welt.

Es ging ein Riss durch ihr Leben, ein irreparabler Riss. Und ich hatte immer das Gefühl, ihr Leben lang sei sie damit beschäftigt gewesen, diesen Riss zu kitten, zu schließen. Ihn wegzumachen.

Immer stand sie unter Hochdruck deswegen, immer ging sie ein wenig zu schnell, selten saß sie still.

❄

Weihnachten denke ich nicht an meinen Vater, Weihnachten denke ich an meine Mutter. Weihnachten war immer das Fest meiner Mutter.

Wenn das Christkind geklingelt hatte und wieder verschwunden war,

ging sie vor uns die Treppe hinunter, *O Tannenbaum* singend. Mein Vater stimmte immer für zwei Zeilen kurz ein, laut und falsch. Er wusste, dass er laut und falsch sang, ja, er *wollte* laut und falsch singen. Er ertrug dieses reine Gefühl nicht, dem wir uns hingaben, wie er eigentlich keinerlei Gefühl ertrug nach sieben Jahren Krieg, nach dem Verlust eines Bruders und eines Auges. *Nie wieder* ertrug er irgendein größeres Gefühl, er hatte ein für alle Mal genug von größeren Gefühlen. *Deshalb* sang er laut und falsch, aber er hörte sofort wieder auf damit. Meine Mutter sang ihn nieder, und er fügte sich. Weihnachten konnte es Disharmonien nicht geben, Weihnachten regierte die Sehnsucht: Alles möge gut sein. Weihnachten regierte meine Mutter.
So empfinde ich Weihnachten noch heute: die Menschen unter Hochdruck, alle immer ein wenig zu schnell gehend, selten still sitzend, alle damit beschäftigt, die Risse im Leben zu kitten, zu schließen, wegzumachen, manche erfolgreich, manche geradezu verzweifelt scheiternd, irgendwo in den Notaufnahmen der Krankenhäuser oder der Einsamkeit ihrer Wohnungen.
Weihnachten ist, wenn sich alle *gleichzeitig* nach einer heilen Welt sehnen, nach dem Kindsein, nach Geborgenheit.

❄

Gelegentlich stelle ich mir vor, wie es wäre, man hätte das ganze Jahr Weihnachten. Jeden Abend gäbe es in jedem Hause eine Bescherung. Jeder brächte also, wenn er heimkommt, von der Arbeit oder der Schule, ein Geschenk mit für die anderen im Hause, eine kleine Aufmerksamkeit natürlich nur, vielleicht manchmal bloß eine am Weges-

rand gepflückte Blume oder eine Schmuckpackung mit Tempo-Taschentüchern. Tag für Tag diese kleine Zeremonie, nicht besonders festlich, aber doch, aber doch.
Dann hingegen, stelle ich mir weiter vor, wäre drei Tage im Jahr das große Fest *Nichtweihnachten*. Die Rituale sind: Das von den Nachbarn beklatschte Hinauswerfen eines Christbaums aus dem Wohnungsfenster. Der Besuch des Nichtweihnachtsmanns, der alle Familienmitglieder in seinen leeren Sack blicken lässt. Das gemeinsame Eintreten ins Wohnzimmer, bei dem jeder seine leeren Hände vorweisen muss. Der Verzicht auf eine gemeinsame Mahlzeit; jeder darf in seinem Zimmer alleine essen.

❄

Übrigens kann ich mich nicht an ein einziges jener Weihnachtsgeschenke erinnern, die meine Brüder bekamen, nur an meine eigenen. Weihnachten empfand ich als Kind immer als ganz und gar auf mich konzentriertes Ereignis; es waren Tage, an denen die Welt sich vollständig um mich drehte. Vielleicht ist die Erinnerung deswegen so intensiv: weil das, was da auf meinem Teil des Gabentisches lag, für mich und nur für mich gedacht war, weil ich nichts tun musste, um es zu bekommen (nur einfach der Sohn meiner Eltern sein), weil ich nichts erkämpfen und nichts teilen musste.
Weihnachten war die Welt heil, und sie gehörte mir.

RUHE!

Alle Jahre schon wieder
Warum ich Weihnachten trotzdem liebe

Bisher war von den Gefühlen eines Kindes an Weihnachten die Rede. Nun kommen wir mal zu den Erwachsenen.

Ich fiebere als Vater dem 24. Dezember ähnlich intensiv entgegen wie einst als Sohn, bloß aus anderen Gründen. Es sind weniger die Geschenke, deren Empfang ich mit Ungeduld entgegensehe. Es ist vielmehr schlicht das Ende der Vorweihnachtszeit, das ich ersehne, jenes Hindernisparcours', den ich am Ende einfach immer nur durchhalten will und in dessen Verlauf die stets gleichen Fragen zu beantworten sind: Werde ich würdige Geschenke für alle Familienmitglieder haben? Werde ich alle Weihnachtsfeiern mit Anstand überstehen? Werde ich meine beruflichen Notwendigkeiten erledigt haben können? Werde ich alles getan haben, damit es ein schönes Fest wird? Werden die Kinder mir einmal so dankbar sein, wie ich meinen Eltern dankbar bin für das, was sie mir mit ihren Weihnachtsinszenierungen mitgegeben haben? Werden sie also schöne, haltbare Erinnerungen mitnehmen?

Es sind sehr hohe Ansprüche, die wir an Weihnachten (und an uns selbst zu Weihnachten) haben – und es ist kein Wunder, dass wir immer wieder an ihnen scheitern. Trotzdem finde ich es richtig, diese Ansprüche zu haben. Weihnachten ist für mich das Fest der Sehnsucht nach der Kindheit: nach dem kindlichen Glauben, dass die Welt eigentlich schön ist und heil. Es ist der Versuch der Erwachsenen, sie wenigstens für einen Abend oder für zwei, drei Tage noch einmal schön und heil zu machen. Es ist das einzige Fest, an dem sich alle einig sind, dass sie sich gut benehmen wollen, dass sie sich etwas zu geben haben (und dass sie deshalb vorher über den anderen nachdenken möchten, denn das müssen sie, wenn sie etwas schenken wollen), dass sie die Ambivalenzen des Lebens auszublenden bereit sind und sich einmal ganz hemmungslos für die Harmonie als obersten Wert entscheiden. Und dass die Familie etwas ist, für das man sich anstrengen möchte.

Heute weiß ich ja, wie sich meine Eltern am Ende eines Weihnachtsabends fühlten, wenn wir Kinder endlich eingeschlafen waren: überaus müde, ein bisschen betrunken und vielleicht doch auch mal zwischendurch sehr glücklich.

Wenn es weihnachtet

Jedes deiner Jahre beginnt mit umfassender Entspannung. Alles ist geschenkt. Niemand hat mehr was zu bekommen. Bis Weihnachten: ein Jahr! Und in diesem Jahr wirst du Weihnachtsgeschenke nicht kurz vorm Fest kaufen wie bisher, sondern übers Jahr verteilt erwerben. Hier was mitnehmen, da was auswählen, dort was bestellen. Sehr locker sein.

Dann vergehen Wochen, Monate.

Weihnachten hast du im Griff, denkst du. Weihnachten ist weit. Nach den Sommerferien ruft Mutter an: Was du dir zu Weihnachten wünschst. Sie wolle allmählich… Plane gern… Fahre zur Kur vorher… Da steigt ein Gefühl in dir hoch. Weihnachten! Schon will man wissen, was du dir wünschst. Dass Weihnachten nicht komme, wünschst du dir. Oder nicht so bald.

Noch drei Monate!

Anfang Oktober: die Kataloge. Philip Morris Design Shop. Manufactum. Heine. Formschöne Saftpressen, unbesiegbare Radiowecker, Füllfederhalter, dick wie Maiskolben. Da wird man in der Not was kriegen. Das ist dein Netz. Das entspannt dich wieder.

Dann aber der Dezember. Komischerweise hast du da immer besonders viel Arbeit. Eines Abends fragst du deine Frau, was sie sich wünsche. (Vielleicht sagt sie ja was.) Im September hat sie mal gesagt, was sie sich wünsche, so en passant. Das hast du vergessen. Sie, jetzt, schnippisch, ob dir nichts einfalle? Natüüüüürlich, sagst du, wolltest nur wissen, ob zusätzlich zu dem, was du bereits habest, noch ein klitzekleiner Wunsch da sei …

Nein, nichts. Sie freue sich auf die Überraschung.

Ächz. Ein Fehler! Der Druck wird groß! Du spürst ihn, oh, wie du ihn spürst.

Du kaufst jetzt kleinere Dinge. Onkels, Tanten. Dann die schwierigeren, Schwiegereltern. Den Sohn, dafür sorgt deine Frau. Und deine Frau selbst?

Noch drei Tage.

Du hast nichts. Du musst den Christbaum … Und den Wein …

Noch zwei Tage.

Mal in die Schmuckgeschäfte! Letztes Jahr hast du ihr einen Ring geschenkt, vorletztes eine Kette. Diesmal: Armreif? Armreife sind schwierig. Die Schmuckidioten machen alles Mögliche, nur keine guten Armreife. Alles mächtig, fett, protzig. Nichts Feines, Zartes, das ihre Persönlichkeit, ihr Fühlen träfe.

Noch einen Tag.

Vor sechs Monaten hast du einen tollen Reif gesehen. Hast aber nicht an Weihnachten gedacht. Idiotttttt! Jetzt gibt es nichts. Warum musstest du dich auf Armreife festlegen? Zu eng gedacht. Bist nicht flexibel genug. Steckst nun in der Sackgasse.

In der Maximilianstraße hast du mal was Schönes für sie gekauft. Arschteuer. Schweißausbruchteuer. Egal jetzt.

Noch zwei Stunden!
Du kannst nicht ohne was kommen. Kannst ihr keinen Gutschein geben. Kannst nicht sagen, das Geschenk sei gestohlen worden. Kannst nicht sagen, auf der ganzen Welt gebe es keinen Gegenstand, schön genug für sie. Ob der Laden noch offen hat? Du schwitzt. Kann sein, dass heute Abend alles zu Ende ist. Dass deine Hände leer sein werden. Dass es dein letztes Weihnachten ist. Dass sie weint. Dass dein Sohn sie trösten muss.
Du stürzt ins Geschäft. Der Laden zur letzten Hoffnung. Geben Sie mir einen Armreif, Mann! Sie haben nur noch diesen einen? HER! Hier geht's um die Existenz. Du wirst sagen, dass er zu ihr passt. Du weißt genau, dass er nicht zu ihr passt. Du weißt, dass sie das auch sagen wird. Du wirst sagen, dass du es anders siehst. Wirst quatschen. Dass der klobige Reif ihre Zartheit betont. Die Eleganz ihres Handgelenks hervorhebt. Dass aus diesem Widerspruch Spannung erwächst. Dass du das schön findest.
Kann man umtauschen? Kann man. Wird man. Ich komme wieder. Erst mal schenken. Das ist jetzt das Wichtigste. Nächstes Jahr wirst du die Geschenke übers Jahr verteilt kaufen. Hier was mitnehmen, da was auswählen, dort was bestellen. Sehr locker sein.

Die Christbaumkugel

Nun haben wir August. Weihnachten ist schon eine Weile her. Auf der Kommode im Flur liegt immer noch eine riesige lilafarbene Christbaumkugel. Paola hatte sie zur Weihnachtszeit über dem Spiegel im Flur aufgehängt, das sah sehr schön aus und war ziemlich praktisch. Der Spiegel ist gleich gegenüber der Wohnungstür, und wenn man vor Weihnachten hereinkam, sah man als Erstes diese riesige Christbaumkugel und wusste sofort: Aha, jetzt ist also Weihnachtszeit. Nur falls man es vergessen hatte.

Nach Weihnachten wurde die Kugel abgehängt und fürs Erste auf die Kommode gelegt, damit sie in den Keller gebracht werden konnte. Aber sie ist immer noch dort. Und es ist keine Weihnachtszeit, beim besten Willen nicht.

»Man müsste die Christbaumkugel in den Keller bringen«, sagt Paola ab und zu.

»Jemand könnte mal die Christbaumkugel hier wegtun, in den Keller vielleicht«, sage ich dann und wann.

Manchmal kommt es mir so vor, als ob in unserer Wohnung noch drei andere Personen lebten, außer Paola, Luis, mir und Bosch, meinem sehr alten Kühlschrank und Freund. Diese drei anderen Personen sind: Herr Man, Frau Jemand und Fräulein Einer. Um die Wahrheit über diese drei zu sagen: Sie sind stinkfaul. Sie beteiligen sich in keiner Weise am Gemeinschaftsleben. Sie tun überhaupt nichts.

Ich sage: »Man müsste mal die Blumen auf dem Balkon gießen.« Aber Man tut es nicht.

Paola sagt: »Jemand müsste mal deinen Tennisschläger beiseiteräumen.« Aber Jemand ist nirgendwo in Sicht.

Ich sage: »Einer müsste unbedingt das Altglas wegbringen.« Aber das Altglas bleibt da, nichts zu sehen von Einer.

Der Fall der Christbaumkugel ist besonders schwierig. Es war, glaube ich, Anfang März, als Paola ihretwegen einen Wutanfall bekam. Sie schrie, diese Christbaumkugel müsse hier endlich weggeräumt werden, wenn sie nicht bald hier weggeräumt werde, dann werde sie das Ding aus dem Fenster werfen, sie könne es nicht mehr sehen.

Man beachte nun hier die Formel »muss hier endlich weggeräumt werden«. Es handelt sich um das sogenannte Partnerschafts-Passiv, eine in Beziehungen sehr alltägliche Art zu sprechen, wenn es um Dinge geht, die unbedingt getan werden müssen, die man selbst aber um keinen Preis der Welt tun möchte. Es gibt ja so gewisse Dinge, die man einfach überhaupt nicht gerne tut, bei jedem ist es etwas anderes: Ich persönlich hasse das Bohren von Löchern (zum Bilderaufhängen oder Regalbefestigen) wie nichts auf der Welt. Paola verachtet das Blumengießen, als wäre es der Abschaum unter den Tätigkeiten. Wenn nun Löcher gebohrt oder Blumen gegossen werden müssen, man selbst es aber einerseits nicht tun möchte, andererseits aber auch aus internen Gründen nicht direkt den Partner dazu auffordern will (»Kannst du nicht hier endlich mal ...?!«) – dann also verwendet man das Partnerschafts-

Passiv. Es macht auf das Problem aufmerksam, provoziert nicht unbedingt Streit und lässt für die Lösung Spielräume, zum Beispiel die sanfte Antwort: »Wie wäre es, du würdest es tun …?«
Mit der Christbaumkugel war es nun so, dass sich eines Tages mehrere Gegenstände angesammelt hatten, die in den Keller gebracht werden mussten, darunter eine Reisetasche. Ich packte ungefähr im April in einem Anfall von Entschlusskraft alles in die Reisetasche, trug sie in den Keller und stellte die Tasche dort ab, samt Kugel.
Ein paar Wochen später musste Paola über das Wochenende verreisen. Sie holte sich aus dem Keller die Reisetasche und bemerkte erst in der Wohnung, dass die Christbaumkugel noch drin war. »Die Reisetasche hätte im Keller ausgepackt werden müssen«, sagte Paola und legte die Christbaumkugel wieder auf die Kommode im Flur, wo sie sich, wie gesagt, immer noch befindet.
Wir haben ja nun schon August. Eigentlich lohnt es sich gar nicht mehr, die Kugel noch in den Keller zu bringen. Für die paar Monate. Weihnachten müsste sie ja doch nur wieder nach oben gebracht werden. Oder Jemand müsste sie holen. Oder Einer. Oder Man.

Schnoderer

Noch dreizehn Wochen bis Weihnachten. Aber im Grunde habe ich jetzt schon alles versaut.

Ich wollte mich nämlich diesmal rechtzeitig um die Geschenke kümmern. Alles anders machen als sonst. Nicht mehr so auf den letzten Drücker ... Keine Verzweiflungsaktionen am 24. Dezember morgens. In der Vorweihnachtszeit dann sehr entspannt sein. Wollte ich. Alles. So machen.

Folgendermaßen: Es ergab sich kürzlich, dass ich mit Paola aus ganz anderem Grund in einem kleinen Juwelierladen war. Wo Paola sich nach diesem und jenem erkundigte und nebenbei einen Ring entdeckte. Der ihr sehr gefiel. Den sie sogleich anprobierte, en passant, wie Frauen das so tun. Zu dem sie »sehr schön« sagte und »Ach, der gefällt mir aber gut!« Und: »Findest du nicht auch, dass er mir gut steht?«

Dann legte sie ihn wieder beiseite, und wir verließen den Laden. Verabschiedeten uns voneinander, weil ich ins Büro musste, und sie noch dieses und jenes zu erledigen hatten, weshalb sie um die nächste Ecke verschwand.

Ich ging wieder in den Laden zurück. Kaufte den Ring. Weil ich nicht genug Bargeld dabeihatte, bezahlte ich mit der EC-Karte. Als ich wieder auf die Straße hinaustrat, fühlte ich mich beschwingt. Unglaublich erleichtert. Bereits jetzt war ich auf Weihnachten in einer Weise vorbereitet, wie ich es noch nie erlebt hatte. Ich war erstaunt über mich selbst und bewunderte meine eigene Geistesgegenwart. Dass ich die Chance mit diesem Ring sofort erkannt und beim Schopf gepackt hatte!

In dieser Stimmung ging ich in mein Büro. Versteckte den Ring an entlegener Stelle. Und dachte nicht mehr daran. Weihnachten war ja weit, weiter noch als heute.

Eine Woche später hatte ich bei der Bank zu tun und zog Kontoauszüge aus dem Drucker. Entdeckte dort die Abbuchung einer nicht unbeträchtlichen Summe zugunsten einer Firma namens Schnoderer.

Schnoderer?, dachte ich, Schnoderer? Nie hörte ich den Namen Schnoderer? Wie kann ein nicht unbeträchtlicher Teil meines Geldes bei Firma Schnoderer landen, die ich nicht kenne?

Noch auf der Straße zückte ich mein Telefon und rief Paola an. Gab meiner Stimme gleich einen vorwurfsvollen Ton und sagte: »Hast du etwas mit einer Firma namens Schnoderer zu tun? Hast du dieser Firma eine nicht unbeträchtliche Summe gezahlt? Fändest du es nicht besser, mir vorher etwas zu sagen, bevor du nicht unbeträchtliche Beträge von meinem Konto …?«

»Schnoderer?«, sagte Paola. »So hieß der Juwelier, bei dem wir neulich waren. Sonst kenne ich keinen Schnoderer.«

Mir lief es siedend heiß …

»Ach so …«, stammelte ich. Und dann, so geistesgegenwärtig, wie im Moment möglich: »Ja, aber da hast du ja nichts gekauft, oder? Ah, jetzt fällt's mir ein, Schnoderer, so heißt die neue Firma, bei der man seine

Zahnarztrechnungen bezahlt. Hieß sie nicht früher *Dentofinanz*? Na ja, entschuldige …«

Ich legte auf. Aber bevor ich auflegte, hörte ich ein leises Kichern.

Weihnachten werde ich mit diesem Ring nicht kommen. Nicht kommen können. Es wäre keine Überraschung mehr. Aber wenn sie den Ring nicht bekommt, wird sie vielleicht enttäuscht sein, was? Sie hatte ihn doch gemocht.

Sie wartet jetzt quasi auf ihn.

Dreizehn Wochen. Und ich bin ein Idiot.

Lebst du Weihnachten noch?

Ein melancholischer Nachmittag im November. Ich hatte nicht viel gearbeitet, es ging nicht gut mit dem Schreiben. Es regnete feine, dünne Fäden. In der Küche hatte ich Paola etwas vorgejammert. Sie nahm mich in den Arm und sagte, ich solle mich ablenken, zu Luis ins Kinderzimmer gehen oder einen Spaziergang machen.

Ich ging zu Luis.

Er hatte seine Lego-Männchen auf dem Boden ausgebreitet. Ich stakste dazwischen herum wie ein Storch und warf dabei einen oder zwei von ihnen um.

Er rief: »Tritt nicht immer so auf den Kollegen herum!« Er sagte wirklich: Kollegen.

Ich setzte mich aufs Bett. Blätterte in einem Comic.

Luis sagte: »Weißt du, was ich werden möchte?«

»Nein«, sagte ich.

»Ich möchte nicht Polizist werden. Ich möchte etwas werden, wo man nicht so früh aufstehen muss. Und wo man nicht ermordet werden kann. So etwas wie du von Beruf bist, möchte ich werden.«

»Luis, weißt du …«

»Und Papaaa …?!«

»Ja?«
»Lebst du nächstes Weihnachten noch?«
Wie lange ist es bis Weihnachten?, dachte ich. 45 Tage. Das schaffe ich, dachte ich. Muss ich schaffen. Dann sehen wir weiter. Ermordet werden kann ich ja nicht. Schön ausschlafen, dann schaffe ich's. Nicht jeder Tag ist wie heute. Vielleicht geht es mit dem Schreiben besser …
»Ganz bestimmt lebe ich, Luis. Warum sollte ich nicht mehr leben? Weihnachten ist nicht mehr lange hin.«
»Wie lange?«
»45-mal schlafen«, sagte ich.
»Und weißt du, was ich gerne zu Weihnachten hätte?«
»Was?«
»Ich hätte gern, dass du nicht tot bist.«
»Ja, das bekommst du sicher. Und was wünschst du dir noch zu Weihnachten?«
Er nahm ein paar Lego-Feuerwehrmänner, setzte sie auf ein Feuerwehrauto und schob es auf den Knien rutschend durchs Zimmer.
»Dann wünsche ich mir«, sagte er, »einen Flieger und ein Militärauto, die können alles abwehren, was gefährlich ist. Ich wünsche mir ein Krankenhaus, damit ich mich hinlegen kann, so wie neulich, als mein Gehirn so erschüttert war, weißt du. Als ich die Treppe runtergefallen bin.«
Er war wirklich die Treppe im Haus hinuntergefallen und musste zwei Tage im Krankenhaus liegen, mit Gehirnerschütterung, zur Beobachtung.
»Ja, das weiß ich noch.«
»Und das ganze Krankenhaus soll voll Popcorn sein, damit ich es essen kann, weil ich ja so wenig zu essen bekommen habe, wegen

meinem Erschütterungsgehirn. Und ich wünsche mir, dass ich Trompete spielen kann.«

»Das kann man sich nicht wünschen, Luis, Trompete muss man lernen. Man muss Unterricht nehmen.«

»Gut, dann wünsche ich mir, dass ich *ein Mal* Unterricht habe, und dass ich dann Trompete spielen kann.«

»Hmmmm ...«, machte ich und sah zu, wie er Lego-Männchen auseinandernahm und wieder zusammensetzte. Wie ich ihn beneidete um sein Leben! Mit so vielen netten Kollegen.

»Und ich wünsche mir«, sagte er, »dass es kein Zähneputzen gibt.«

»Und was ist mit den Bakterien, die deine Zähne auffressen, wenn du sie nicht wegputzt?«

»Dann wünsche ich mir, dass es keine Bakterien gibt.«

»Man kann es sich schon wünschen, aber es geht nicht in Erfüllung. Bakterien gibt es immer.«

Er hörte gar nicht zu. »Und ich wünsche mir noch tausend Schäkel und Karabiner, weil ich eine große Eisenmaschine bauen will, nein, noch mehr, acht-unendlich viele Schäkel und Karabiner, nein, neun-unendliche viele. Ist neun-unendlich mehr als acht-unendlich?«

»Ich glaube«, sagte ich.

Er schwieg.

Ich blätterte ein wenig in den Comics, dann stand ich auf, ging vorsichtig zwischen seinen Kollegen aus dem Zimmer und machte einen Spaziergang in die Stadt, um mich noch mehr abzulenken. Und um ein Krankenhaus voller Popcorn, einen Schnelltrompetenlehrer, neun-unendlich viele Schäkel und Karabiner und noch ein paar andere Kleinigkeiten für den Gabentisch zu besorgen.

Normaltod

Seltsamerweise besucht mich ausgerechnet in der Vorweihnachtszeit oft mein Versicherungsvertreter. Denn immer ändert sich mit Beginn des neuen Jahres etwas in den gesetzlichen Versicherungsbestimmungen, und darüber möchte er mit mir reden, der Versicherungsvertreter, denn in der Vorweihnachtszeit ist der Beginn des neuen Jahres nicht mehr fern.

Ich verstand also: dass es von Vorteil für mich wäre, noch vor Silvester eine Lebensversicherung oder etwas in der Art abzuschließen. Mein Versicherungsvertreter, Herr A., besuchte mich einige Male, um »bei dieser Gelegenheit«, wie er sich ausdrückte, dies und auch noch einiges andere mit mir zu besprechen, zum Beispiel eine neue Unfallversicherung, eine bessere Haftpflichtversicherung, einige Aspekte meiner Krankenversicherung – worüber Versicherungsvertreter eben gerne reden.

So verging die Vorweihnachtszeit harmonisch mit Unterhaltungen über meinen vorzeitigen Tod durch Unfall, Krankheit oder Altersschwäche (»Unfalltod« oder »Normaltod«, um mit Herrn A. zu sprechen), über eine eventuelle Berufsunfähigkeit durch frühe Altersdemenz oder eine voraussehbare chronische Niedergeschlagenheit bei

Verlust aller meiner Familienangehörigen, über meinen finanziellen Ruin durch seitens der Haftpflicht nicht abgedeckte, von meinem Sohn Luis verursachte Schäden an Atomkraftwerken sowie über meine rentenmäßige Absicherung im Falle einer Pockeninfektion durch islamistische Attentäter.

»Kein schönes Thema jetzt«, murmelte A. ab und zu, wenn wir zum Beispiel die Frage der »Gliedertaxe« besprachen, also den finanziellen Wert einzelner Körperteile, wobei wir uns eine Weile dabei aufhielten, welche abgestuften Bedeutungen meine jeweiligen Finger für die Bedienung der Computertastatur haben – eine Frage, über die ich bis dahin nicht nachgedacht hatte. Wie man ja überhaupt die meisten Risiken im Leben erst erkennt, ja, sie entdeckt, wenn man aufgefordert wird, sich gegen sie abzusichern.

Jedenfalls erkannte und entdeckte ich in meinen Gesprächen mit A. derartig viele solcher Risiken, dass mir ganz schwummerig wurde und ich in eine Art Gehirntaumel geriet, in dessen Verlauf ich nicht mal mehr richtig zwischen einzelnen Versicherungsarten unterscheiden konnte. Ich sah nur noch ein riesiges, allumfassendes Lebenshaftunfallpflichtpaket vor mir. Und A., dem mein Zustand nicht verborgen blieb, wurde immer zarter in seiner Ausdrucksweise – bis er ein Wort wie »Tod« überhaupt nicht mehr benutzte, sondern nur noch von meinem »Ableben« sprach.

Ich war also ausgerechnet in der Vorweihnachtszeit in einer Verfassung, in der mir das Leben als einzige gigantische Gefahr erschien.

Stand ich mit Luis im Spielzeugladen vor den Flugzeugmodellen (wobei er sofort fantasierte, wie herrlich es sein müsse, ein solches zu besitzen und durch die Lüfte fliegen zu lassen), so erschien vor meinem inneren Auge ein solches Modell, das sich in einer Hochspannungsleitung verhedderte, diese zerstörte und dadurch Oberbayern für Tage von den Stromzufuhr abschnitt – mit der Folge gigantischer Schadensersatzklagen gegen mich.

Bat mich Paola, in kühler Winternacht ihr Bett mit einem Kirschkernkissen vorzuwärmen, so sprach ich zu ihr gleich von jenem Ehepaar, dem (wie ich in der Zeitung gelesen hatte) ein überhitztes Kernkissen zunächst das Bett, dann die gesamte Einrichtung in Flammen gesetzt hatte – dies unmittelbar nach einer teuren Wohnungsrenovierung.

A. schloss ein umfangreiches Paket mit mir ab. Ich bin seitdem mit dem Detailstudium der Verträge beschäftigt und habe festgestellt, dass mich in Zukunft auch von mir selbst verursachte »Gewässerschäden aus Kleingebinden« sowie mein Hinscheiden durch »passives Kriegsrisiko (Überraschungsklausel)« kalt lassen können, zumal ich Anspruch auf eine »Kurbeihilfe« habe. Ich las »Kurbei-Hilfe«, rätselte daran eine Weile herum, vermutete zunächst einen Druckfehler und dachte an »Kurbel-Hilfe« oder »Kürbis-Hilfe«, bis ich merkte, dass es um eine Kurbeihilfe ging.

Mein Versicherungsschutz gelte auch dann, lese ich, wenn ich »bei inneren Unruhen« den Tod gefunden habe.

Bei inneren Unruhen. Ja, aber wie soll man denn in einer solchen Vorweihnachtszeit innere Ruhe finden…?

Als ich Jesus war

Noch zwei Wochen bis Weihnachten. Ich hatte in der Stadt etwas zu erledigen gehabt, auf dem Heimweg war ich über den Christkindlmarkt gegangen und hatte zufällig Bruno getroffen, meinen alten Freund. Wir hatten uns schon eine ganze Weile nicht mehr gesehen, tranken einen Glühwein zusammen, aßen eine Bratwurst und tranken noch einen Glühwein. In leicht gehobener Stimmung machte ich mich auf den Heimweg, nicht ohne noch an einem der Stände auf dem Rindermarkt eine handgeschnitzte Christkindkrippe für unser Wohnzimmer zu kaufen, wie Paola es mir aufgetragen hatte.

Ich nahm den Weg über den Färbergraben. An der Ecke Sendlinger Straße, beim Kaufhaus Konen, saß ein Bettler auf dem Boden, vor sich einen Hut mit ein paar Münzen darin, neben sich ein paar Krücken.

Ich befand mich, wie gesagt, in beschwingter Stimmung, und so rief ich (weiß der Himmel, was mich dazu bewegte) dem Mann ein fröhliches »Steh auf und geh!« zu.

Wer beschreibt mein Erstaunen, als der Mensch sich sogleich aus den Decken wickelte, die seine Beine bedeckten, wie er sich mühsam auf die Knie drehte, langsam erhob, seine Krücken nahm, schließlich stand und dann aber diese Krücken von sich wegschob, sodass sie zu Boden fielen, einige wackelige Schritte machte, sich mit der linken Hand am Schaufenster abstützte, dies aber schon mehr aus Verwunderung denn aus Schwäche – und wie er dann, Schritt für Schritt sicherer werdend, die Sendlinger Straße entlangging, stadtauswärts, die Richtung zur Asamkirche nehmend.

Ich blieb eine Weile stehen, seltsam berührt, dann ging ich weiter, folgte dem Mann, verlor ihn aber aus den Augen, ging weiter, an der Asam-Kirche vorbei, erreichte schließlich die Metzgerei Murr. Ich betrat das Geschäft und postierte mich vor dem Kühlregal mit den Getränken. Lange betrachtete ich die Mineralwasserflaschen, dann machte ich eine unbestimmte Handbewegung in ihre Richtung.

Schlagartig färbte sich das Innere der Flaschen rot.

Ich nahm eine von ihnen und ging zur Kasse, um zu bezahlen. Die Verkäuferin betrachtete die Flasche geradezu fassungslos. Ich legte ihr die Hand auf die Schulter, um sie zu beruhigen, legte das Geld für die Flasche passend auf den Zahlteller und verließ den Laden. Von der Straße aus konnte ich sehen, wie die Kassiererin sich erhob, zum Getränkeregal ging und die Flaschen betrachtete. Sie rief einen Mann im weißen Kittel herbei, der ebenfalls staunend verharrte, dann eine Flasche nahm, sie öffnete und trank. Er rief etwas, aber ich konnte es nicht verstehen, ließ die Frau probieren, die aufgeregt zur Tür zeigte, in meine Richtung.

Ich machte mich davon, nicht ohne selbst einen Schluck aus der soeben erstandenen Flasche zu nehmen.

Ein perlender Lambrusco, ohne Zweifel, nichts Besonderes. Aber mit ein bisschen mehr Mühe, beim nächsten Mal …

Ich ging weiter, in Richtung meines Viertels, am Sendlinger Tor vorbei,

Richtung Feuerwache. Ich merkte, dass mir einige Leute folgten, seit ich in dem Laden gewesen war, ja, ich glaubte sogar, den Bettler zu erkennen, auch einige Menschen, die schneller gingen und Handys in den Händen hielten, sei es, weil sie telefonierten, sei es, weil sie Fotos machen wollten.

Ich blieb kurz stehen, richtete meine Hände gen Himmel und sagte leise: »Schnee! Wind!«

Worauf sich sofort ein Schneesturm erhob, so stark, dass man nur in schräger Haltung gebeugt vorangehen konnte. Die Leute hinter mir verschwanden im dichten Flockenwirbel, und ich beeilte mich, nach Hause zu kommen und die am Christkindlmarkt gekaufte kleine Krippe an ihren Platz im Krippenhäuschen zu stellen, entschlossen, kein Wort über diese Angelegenheit zu verlieren.

Was ich auch nie getan habe, bis heute.

Kurt, das Weihnachtsschwein (1)

KURTI, DAS MEERSCHWEIN, war vor einem Jahr das Weihnachtsgeschenk für Luis.
»Ich hatte als Kind nie ein Haustier«, habe ich damals zu Paola gesagt, als wir die Angelegenheit diskutierten, ob Luis ein Tier zu Weihnachten bekommen solle, das er sich schon so lange und so eindringlich wünschte.
»Soll das ein Argument sein?«, hat sie geantwortet. »Dir hätte es sicher gutgetan, wenn du ein Tier zum Streicheln gehabt hättest. Ich hatte als Kind mehrere Goldhamster, aber nacheinander. Einen habe ich auf dem Teller des Plattenspielers Karussell fahren lassen.«
»Soll das ein Argument sein?«, fragte ich.
Zuerst hatte sich Luis eine Schildkröte gewünscht. Schildkröten seien langweilig, hatte Paola gesagt, außerdem würden sie uralt und hielten Winterschlaf. Sie wolle kein altes, langweiliges Tier, das ein halbes Jahr schlafe.
Dann hatte Luis sich einen Hamster gewünscht. Aber ich hatte behauptet, Hamster seien mürrische Einzelgänger. Ich wolle nicht, dass in unserer Wohnung ein mürrischer Einzelgänger lebe.
»Wir haben ja auch schon dich!«, rief Paola.

»Und eine Maus?«, fragte Luis.
»Mäuse sind wie Ratten«, sagte Paola. »Und Ratten sind eklig.«
Ich ging zum Bücherregal und fing an, in Tierbüchern zu lesen. »Hier steht«, sagte ich, »dass Forscher bei einer Mäusegesellschaft in einem Käfig beobachteten, dass nur eine Maus dauernd das Laufrad benutzte. Man nahm an, das sei das stärkste Tier, und es vertriebe die anderen vom Spielzeug. Aber es war die rangniederste Maus. Immer wenn sie irgendwo von einer ranghöheren Maus vertrieben worden war, wollte sie weglaufen.«
»Dann will ich ein Meerschweinchen«, sagte Luis.
Ich blätterte in einem alten Brehm-Band und las: »Das Meerschwein lässt sich überaus viel gefallen und verträgt selbst Misshandlungen mit Gleichmut.« Auch könne es Geräusche machen, quietschen, grunzen, murmeln …
»Quietschen! Grunzen! Murmeln! Ja!«, riefen Paola und Luis.
Paola und ich gingen heimlich ein Meerschwein kaufen. Dazu kauften wir einen Käfig, Heu, eine Trinkflasche, ein Holzhäuschen, Einstreu, ein Handbuch. Das Meerschwein war schwarz-braun und hatte einen weißen Streifen im Gesicht. Am Heiligen Abend saß es in seinem Käfig unter dem Christbaum.
»Wie soll es denn nun eigentlich heißen?«, fragte ich.
»Kurt«, sagte Luis.
Paola und ich lachten. »Kurt? Wieso Kurt?«
»Einfach so.«
»Ist es eigentlich ein Weibchen oder ein Männchen?«, fragte ich.
Das hatten wir vergessen zu fragen, im Laden.
Nach Weihnachten erkundigten wir uns. Es war ein Weibchen. Aber da

hieß es schon Kurt, und dabei blieb es. Kurt ist die einzige Frau auf der Welt, die Kurt heißt.
Wir hockten uns vor den Käfig, quietschten, grunzten, murmelten und riefen: »Kurt! Kuhurt! Kurtilein! Kurtifrau, liebe Kurtifrau!«
Das Meerschwein saß in der Ecke und rührte sich nicht. Luis nahm es auf den Arm, zeigte ihm die Wohnung, setzte es auf den Teppich vor seinem Bett und las ihm aus Astrid Lindgrens *Immer lustig in Bullerbü* vor, das er auch zu Weihnachten bekommen hatte.
Paola nahm das Handbuch. »Es sind Herdentiere«, las sie. »Wahrscheinlich müssen wir noch ein Meerschwein kaufen. Aber hier steht auch, dass sich einzeln lebende Tiere besonders gut an Menschen gewöhnen. Wir sind jetzt seine Herde.«
Luis hörte mitten im *Bullerbü*-Kapitel auf und setzte Kurti in den Käfig. Wir quietschten, grunzten und murmelten wieder. Kurt starrte teilnahmslos vor sich hin. Wahrscheinlich kannte sie das betreffende Brehm-Kapitel auswendig und wartete nun auf Misshandlungen.
Paola sagte: »Was es wohl denkt?«
»Es fragt sich, wie das Kapitel weitergeht, das Luis gelesen hat«, sagte ich.

Weihnachtspost

Vor Weihnachten muss ich oft zur Post, Geschenkpakete aufgeben. Ich halte mich deshalb dann sehr oft in Postfilialen auf. Die Post ist immer für ein interessantes Erlebnis gut. Manchmal sind es nur Kleinigkeiten. Neulich drückte man mir am Schalter ein weißes Schachterl in die Hand, auf dem stand: »Machen Sie jetzt den Postbank Altersvorsorge Check.« Ich drehte und wendete das Schachterl, fand schließlich eine Öffnung. Aus ihr rieselten kleine weiße Pillen. Altersvorsorgecheckpillen? Die, wenn man sie schluckt, den Körper von innen checkten? Ob alles in Ordnung sei ... Die dann vielleicht entsprechende Nachrichten an die Postbank funken? Die meine Kreditwürdigkeit beeinflussen? Ich schluckte eine Pille. Pfefferminz. Vielleicht Tabletten, die einen willenlos machen, dachte ich. Und zwingen, Geld zur Postbank zu bringen. Seine Altersvorsorge bei ihr einzurichten.

Was rätselhaft an der Post ist: die vielen Schalter, vor denen aber nur eine Schlange steht, deren Angehörige sich wie Sand im Stundenglas rieselnd auf die Schalter verteilen. Ich war schon in Filialen mit acht, neun, zehn, ja zwanzig Schaltern, von denen aber immer nur zwei, drei besetzt waren. Ich frage mich: Wozu die anderen? Reserve für bessere

Zeiten? Übrig geblieben aus Jahren, in denen es mehr Postpersonal gab? Alarmschalter, falls alle Postbankkunden soforrrrtttt an ihr Geld wollen? Schalter für die Vorweihnachtstage?
Aber warum steht dann die Schlange mit den Weihnachtspaket-Aufgebern bis auf die Straße?
Meine alte Freundin M. ging mal an der Schlange vorbei und stellte sich vor einen Schalter, an dem *Nicht besetzt* stand. Und wartete. Sie dachte wirklich, *Nicht besetzt* bedeute, dass der Schalter nicht durch Wartende besetzt sei, das Schild also das Gleiche bedeute wie an einer Toilette.
Man muss also bei der Post gerade in der Zeit vor Weihnachten oft warten, bis man bedient wird, aber dafür wird ein exzellentes Unterhaltungsprogramm geboten. Einmal beobachtete ich einen Mann, der ein Weihnachtspaketset gekauft hatte, bei dessen Öffnen *Stille Nacht* ertönte. Der Mann wollte sein Geschenk gleich hier verpacken und verschicken, aber es gelang ihm nicht. Sobald er die Pappe des Pakets auffaltete, um sein Geschenk hineinzulegen, wurde *Stille Nacht* gespielt, und zwar so laut, dass alle Kunden den Mann anschauten und er erschrocken die Pappe wieder zusammenlegte sowie sich aufs Paketset warf, um es zum Schweigen zu bringen. Immer wieder grübelte er, wie es ihm gelingen könnte, einmal kurz *Stille Post* statt *Stille Nacht* zu spielen. Er machte einen neuen Versuch, scheiterte, grübelte.
Leider war ich irgendwann an der Reihe und musste danach gehen. Aber es hätte mich interessiert, was aus dem Mann geworden ist. Ob er eine Lösung fand oder die ganze Weihnachtszeit, ja, seinen Lebensrest auf der Post verbrachte, sich in der *Stille-Nacht*-Endlosspirale immer wieder von Neuem aufs Paket werfend.

Im Elektrokaufhaus

Der Verzweiflungsweg, auf dem ich oft vor Weihnachten durch die Stadt irre, Geschenke suchend, dieser Schreckensweg führte mich einmal in eines der großen Elektrokaufhäuser, deren Prospekte Tag für Tag aus meiner Zeitung fallen.

Nie zuvor war ich in einem so großen Elektrokaufhaus gewesen. Ich dachte, ich könnte hier vieles finden, eine Saftzentrifuge für meine Tante, eine Kaffeemaschine für meine Schwiegermutter, einen tragbaren CD-Spieler für Paola. Das Elektrokaufhaus würde mir helfen, dachte ich.

Ich betrat es durch den Haupteingang, fuhr in die Abteilung für Kleingeräte und …

Und?

… und bekam ein Stechen im Kopf. Ich hatte gedacht, dass es vier, fünf verschiedene Saftzentrifugen geben würde und fünf, sechs verschiedene Kaffeemaschinen und sechs, sieben verschiedene tragbare CD-Spieler. Möglich, dass ich naiv war. Hier standen kilometerlange Regale voller Saftzentrifugen, Kaffeemaschinen, tragbarer CD-Spieler. Dazu: zig Haartrockner, Hunderte von Bügeleisen, Tausende Toaster, Millionen Frisierhauben, Milliarden Rasierer, Fantastilliarden elektrische Zahnbürsten, Elektrilliarden Föhne …

… und ich wanderte zwischen Regalen umher, im Herzen eine unbestimmte Sehnsucht nach Sozialismus und Mangelwirtschaft, vor Augen tausend Lockenstäbe und hinter tausend Lockenstäben die Elektrowelt. Blieb vor den Saftzentrifugen stehen. Las den Text einer holländischen Gebrauchsanweisung: »Het saap loopt meteen in het glas.« Kam zu den Kaffeemaschinen. Ist es möglich, dachte ich, dass es für jeden einzelnen Menschen eine besondere, nur für ihn entwickelte Kaffeemaschine gibt? Dass es seine Aufgabe im Leben ist, *diese* Kaffeemaschine zu finden?

Die Bügeleisen. Das Stechen im Kopf blieb. Ich war schon lange unterwegs, das tat nicht gut. So viele Bügeleisen! Ist mal jemand aufgefallen, dass viele Bügeleisen wie kleine Raumschiffe aussehen, mit glatten Landeflächen, in die Start- und Landedüsen eingelassen sind? Und die tragbaren CD-Spieler – man hat das Gefühl, sie könnten ihre Klappen öffnen und CDs auf dich abschießen wie fliegende Kreissägen, welche sich durch deinen Körper fräsen, arrrararaaaah, biiiitte, neiiiiin, fräsfräsfräs, gruaaarrrrrr!

Het saap loopt meteen in het glas.

Ich kam zu den Frisiergeräten mit ihren Ondulierdüsen und Abkühlstufen, Haartemperatursensoren und einziehbaren Kammreihen. Lockenstäbe und Föhne, ganz klar, sie sehen aus wie Waffen Außerirdischer, Antimaterieschleudern, Handlaser. Oder wie die »Weyr-Werfer«, die in Stanislaw Lems Science-Fiction-Roman *Der Unbesiegbare* vorkommen: »Das Erste, was er sah, war die unnatürlich große, metallene Fußsohle eines Roboters. Er lag auf der Seite und war offensichtlich durch eine Weyr-Serie mittendurch gespalten.«

So etwa.

Oder Douglas Adams' *Restaurant am Ende des Universums.* Da gibt es »30-Megatöt-Definit-Kill-Photrazon-Kanonen«. Die könnten auch so aussehen. Wie ein Philips-Haartrockner.
Das hier, dachte ich, ist ein Waffenarsenal für Außerirdische. Aber warum benötigen Außerirdische ein als Elektrokaufhaus getarntes Waffenarsenal? Weil sie längst unter uns leben? Für den Tag X gerüstet sein wollen? Woran erkennt man sie? Daran, dass sie Steckdosen an den Körpern haben? Oder könnte es sein, dass alle Computerexperten Außerirdische sind? Dass sie uns erst von Computern abhängig machen und dann, wenn wir ihnen sowieso ausgeliefert sind, weil wir unsere eigene Welt nicht mehr verstehen – dann also auf ein Signal hin in die Elektrokaufhäuser stürzen, um uns mit flammenden Föhnen die Haut vom Körper zu brennen?
Ich hielt mich an einem Regal fest. Alles … drehte … sich …
Ein Siemens-Dampfbügeleisen sirrte vorbei, beinahe hätte es mich an der Schläfe gerammt. Ich nahm einen Lockenstab, richtete ihn auf das Ding, drückte ab. Das Eisen explodierte. Niemand reagierte. Alles klar, dachte ich, und ging zum Ausgang. Ohne Geschenke ging ich zum Ausgang. Weihnachten, dachte ich. Soll bald sein, was? Alles klar. Sie werden uns allemachen. Vielleicht vorher. Vielleicht danach. Alle.
Auf jeden Fall.

Der Yogalehrer

Einmal, Vorweihnachtszeit, in der Yogastunde. Der Yogalehrer trug ein rosafarbenes T-Shirt, dazu eine weiße Hose, er war barfuß. Wir hockten auf unseren Matten und begannen mit den Übungen. Sonnengruß. Dreieck, Kobra, Hund. Er ging zwischen den Reihen entlang, korrigierte hier, zog da an einer Leiste, um einen Rücken zu strecken, drehte dort eine Hüfte weiter, als sie schon gedreht war. Und redete, mit einer leise, leicht quäkenden Stimme.

Wie verabscheuungswürdig doch diese Weihnachtszeit sei, sagte er. Wie der Kapitalismus Weihnachten in eine seelenlose Maschine verwandelt habe, so wie er alles auf der Welt in Seelenlosigkeit verwandele, wie er alle Gefühle zu Geld mache. Wie er sich jede menschliche Regung unterwerfe und knechte (seine Yogalehrerstimme schwebte nun über unseren ächzenden Körpern) und wie es anscheinend nichts gebe, dass sich der Herrschaft des Geldes widersetzen könne, dieser kalten Macht, die aus den Menschen Getriebene mache, nicht mehr Herr ihrer selbst, Menschen, die Tag für Tag durch die Geschäfte hetzten, um ihre Gefühle die harte Gestalt von Konsumgütern annehmen zu lassen. Er stand nun hinter mir, richtete mein schmerzendes Bein gerade und sagte, dass es in dieser Zeit auf etwas ganz anderes ankomme, dass man

sich dem Kapitalismus entziehen müsse, man seine Gefühle zu reinigen habe von allem Materiellen und dem anderen gegenübertreten solle und sagen: Du, ich nehme mir jetzt Zeit für dich. Du, ich habe Zeit für dich. Du, ich bin jetzt für dich da. Dies sei wichtiger als alle Konsumgüter. Liebe. Die Liebe, die sich gegen den Kapitalismus wende, die sich ihm entziehe und wieder rein werde. Reine Liebe zum anderen. Zum Du.
Ja, du, dachte ich, als ich mich gerade in der Hundeposition befand und eigentlich nicht denken wollte und sollte. Schön und gut, dachte ich aber nun eben doch. Schön und du. Aber wissen möchte ich, wann du, Yogalehrer, das zum letzten Mal zu jemandem wirklich gesagt hast: Du, ich nehme mir jetzt Zeit für dich. Du, ich habe Zeit für dich. Du, ich bin jetzt...
Oder ob, dachte ich als Yogahund, das nicht nur eine sehr schöne Ausrede dafür ist, dass du einfach keine Lust hast, auch nur dieses einzige Mal im Jahr zu diesem Fest über jemand anders nachzudenken. Was du ihm schenken könntest. Was ihm eine Freude machen würde. Dass du einfach zu geizig bist, Geld für jemand anders auszugeben. Dass dir einfach deine Zeit zu schade ist, nach Geschenken zu suchen. Dass du einem leid tun kannst, weil dir etwas fehlt im Leben und du eine wacklige Konstruktion gefunden hast, die dir hilft, nicht zu merken, dass es dir fehlt und wie.
Dass du ein Egoist bist und dir Weihnachten deswegen nichts bedeutet – und dass es sehr elegant ist, dafür die Seelenlosigkeit des Kapitalismus verantwortlich zu machen.
Wissen möchte ich das, dachte ich auf meiner Matte, wirklich gern.

Kurt, das Weihnachtsschwein (2)

Weihnachten ist nicht mehr fern. Danach werden Ferien sein bis in den Januar hinein. Da werden wir Ski fahren, und Kurti, das Meerschwein, wird vierzehn Tage lang eine andere Bleibe brauchen, denn es fährt nicht Ski, leider. Die Skikurse für Meerschweine waren in ganz Österreich schon ausgebucht, wir waren einfach zu spät dran.

Frau Kurt, das Weihnachts-Meerschwein, lebt, wie erwähnt, seit einem Jahr bei uns, führt ein seltsames Leben, frisst Heu in ihrem Käfig, lutscht an einer Wasserflasche, zerschnurpst einen Apfel und nimmt mit Freude die Gelegenheit zum Auslauf wahr, die wir ihr im Wohnzimmer bieten. Ihr bester Freund ist weder Luis, der doch ihr eigentlicher Besitzer ist, noch ich, vielmehr Paola, die keine Gelegenheit ungenutzt lässt, sich über Kurti in ihrem Käfig zu beugen und mit ihr zu reden: »Ja, Kurti, was machst du denn? Tust du ein Apfilein fressen, ja brav, auch das Heuli nicht vergessen … Geht's dir gut, ja? Geht's dir gut?« Und Kurti scheint sich zu freuen, dass jemand so mit ihr spricht, hebt die Nase, schnuppert, macht dieses und jenes Geräusch.

Manchmal stelle ich mir dann vor, auch zu mir würde jemand so reden, höbe also die Decke meines Büros an, blickte herein und spräche: »Ja, Hackilein, was tust du denn? Tust du fein Schreibischreibi machen? Und immer schön trinki an der Kaffeemaschin'? Brav! Und nicht vergessen, auch schön Wasser saufisaufi, zwei Literli am Tag, sagt der Onkel Doktor…«

Ich weiß nicht, wie ich das psychisch verarbeiten würde, vielleicht nicht so gut wie Kurti.

Oder, stelle ich mir auch vor, am Heiligen Abend, ganz plötzlich, öffnete sich unser Wohnzimmer nach oben hin, gleißendes Licht fiele für einen Moment herein, während wir die Geschenke auspackten, und eine tiefe Stimme sagte zerstreut: »… ach so, Entschuldigung, hier feiern sie auch, Hacke, ja … Haa, A, Cee, Kaa, E…, ja, können Sie abhaken… Weitermachen, weitermachen!«

Wohin mit Kurt, nach dem Fest?

Die Oma kann Kurt nicht nehmen, denn sie fährt selbst weg. Sowieso nimmt sie Kurt im Winter nicht gern, im Sommer eher, da kann das Tier auf ihrer Terrasse wohnen, aber im Winter müsste es in der Wohnung sein, und die Wohnung ist zu klein. Außerdem ist Kurti der Oma nicht hygienebewusst genug, das müsse man klar sagen, sagt sie, nichts gegen Kurti, aber sie sei nun mal ein Tier.

Das ist ein grundsätzliches Problem, das Luis' Meerschwein schon lange verfolgt: dass es ein Tier ist und lebt wie ein Tier. Man muss sich nur mal vorstellen, dies Schwein würde eine Existenzform pflegen wie wir, also nicht im Käfig wohnend, nicht Heu, Äpfel, Gurken ohne Messer und Gabel verzehrend, nicht in seine Käfigstreu urinierend. Sondern irgendwie kultivierter leben.

Die Meerschweinchen sind doch so lange mit dem Menschen zusammen – warum haben sie sich nicht mehr seinen Ansprüchen angepasst? Sich zu ihm hinaufentwickelt? Morgens duschen, abends Zähne putzen, dazwischen allerhand Gerichte von Tellerchen essen und diese und jene Getränke aus Becherchen trinken. In einem Bett schlafen. Hosen tragen. Wasserklosetts benutzen. Und selbstständiger sein, also mal eine Woche ohne Herrchen zurechtkommen, im Gegenteil, sich sogar um seine Wohnung kümmern. Anrufe entgegennehmen, Boden wischen, Blumen gießen.

Damit wäre so ein Meerschwein überfordert. Und deshalb suchen wir weiter nach einem Ferienplatz für den Kurti.

Und es passiert dabei etwas Merkwürdiges.

Einerseits kümmert sich der Luis nämlich sehr selten um Kurti, eigentlich nie. Immer muss man ihn daran erinnern, dass sie ihm gehört, dass er sie sich vor einem Jahr so dringlich wie nichts gewünscht hat, dass es seine Versprechen waren, die uns bewogen, ihm schließlich Kurti weihnachtens zu schenken. Ja, er werde sich um das Tier kümmern, als wäre es sein eigener Arm. Ja, er werde den Käfig putzen, ihm Nahrung geben, seine Wasserflasche füllen.

Nichts davon geschah. Für Fütterung und Pflege der Kurti bin ich zuständig. Für Gespräche mit ihm Paola.

Manche Weihnachtsgeschenke sind für die Schenkenden von weit größerer Bedeutung als für den Beschenkten. Und manche sind auch langfristig lebensbestimmender als andere.

Andererseits aber kann sich Luis ein Leben ohne Kurti nicht mehr vorstellen. Irgendwie hat man das Gefühl, er hintertreibe systematisch alle Versuche, das Tier über die Weihnachtsferien woanders unterzubringen. Zum Beispiel möchte er nicht, dass Kurti die Zeit bei einer Freundin Paolas in der Nähe von Augsburg verbringt – warum? Weil

diese Freundin einen Sohn hat, der dreieinhalb Jahre alt ist, und Luis befürchtet, der Kleine könne seinem Schwein etwas antun, durch grobes Betatschen beispielsweise.
Als Alternative hat er angekündigt, er werde Kontakt zu einem Mädchen aus einer Parallelklasse aufnehmen, das bereits ein Meerschweinchen besitze und ihm mal angedeutet habe, ein Gastschwein sei willkommen.
Tag für Tag frage ich Luis nach dem Stand der Dinge, nach der Telefonnummer des Mädchens zum Beispiel. Tag für Tag findet er andere Ausreden, warum er die Nummer heute nicht habe beschaffen können: Das Mädchen sei krank; es sei in der Pause nicht ansprechbar gewesen, weil es so tief in andere Gespräche vertieft war; oder sein, Luis', bester Freund habe sich den Arm gebrochen, weshalb er nicht in den Pausenhof dürfe, und er, Luis, ihm im Klassenzimmer Gesellschaft leisten müsse. Und nur auf dem Pausenhof sei das Mädchen anzutreffen.
So verrinnt die Zeit. So läuft sie davon. Noch zwei Wochen, dann sind Weihnachtsferien.
Zweifellos befürchtet Luis, dem Tier könne es am Urlaubsort so gut gefallen, dass es nicht mehr zurückmöchte. Zweifellos verhindert er deshalb alle Lösungen. Zweifellos liebt er Kurt mehr, als er zugibt, und möchte ohne sie nicht mehr sein.
Was aber nicht geschieht: dass er sich mehr um das Tier kümmert.
»Luis!«, habe ich neulich gerufen. »Du musst dich mehr mit Kurt beschäftigen. Du schaust sie nicht mal mehr an.«
Luis ging am Käfig vorbei, winkte kurz mit der rechten Hand, rief einmal: »Hallo, Kurti!«
Und ging spielen.

Im Keller

Immer in den Wochen vor Weihnachten wird plötzlich unser Keller mein Lebensmittelpunkt. Ich muss hinunter, um dort den Adventskalender zu suchen, den kindsgroßen, weihnachtsbaumförmigen Adventskalender, den Paola einmal aus Sperrholz gebastelt hat, pro Tag hängt dort im Advent eine Adventsgabe für die Kinder. Und ich muss aus irgendeiner Ecke die Krippe herausgraben, dazu die Krippenfiguren. Und irgendwo muss ja auch der Christbaumschmuck sein, nicht wahr? Und der große Teller, auf dem immer der Adventskranz steht. Und die Kerzenhalter, wo sind die? Im Keller.

Auch verstecke ich im Keller die Weihnachtsgeschenke für den Luis.

Dieser Keller. Oft betrete ich ihn das Jahr über kaum, nun sitze ich dort unten und bastele ein Geschenk zusammen, das Luis bekommen soll. Vor einem Jahr habe ich den Keller aufgeräumt. Jetzt ist er schon wieder voll. Man kann ihn nicht mehr betreten. Ein nie abreißender Strom von nicht mehr benötigten, vielleicht aber noch mal irgendwann nützlichen Gegenständen ist von unserer Wohnung in den Keller geflossen. Hat ihn verstopft. Zuletzt habe ich einen Klapptisch und zwei Stühle hinuntergebracht, die ich mal bei einem Händler für englische antike Möbel kaufte. Jetzt ist der Keller so voll, dass die Tür nur einen Spalt

zu öffnen ist. Man kommt kaum hinein, und käme man es doch, bestünde Gefahr, nicht mehr hinauszukommen. Nie mehr.
Gefangen im eigenen Keller! Mann begraben von Möbeln! Der Sperrmüll-Tote! Vergessen, verhungert, verwest.
»So geht's nicht weiter«, sage ich zu Paola beim Frühstück. »Der Keller …«
»Man muss ihn mal aufräumen«, sagt sie.
»Was soll der vorwurfsvolle Ton?«, sage ich.
»Das ist kein vorwurfsvoller Ton«, sagt sie. »Es ist eine Feststellung.«
»Eine vorwurfsvolle Feststellung«, sage ich. »Ich hatte keine Zeit. Sag mir, wann ich es hätte machen können!«
»Wenn du es wirklich gewollt hättest, wäre es schon gegangen«, sagt sie.
»Ich hole meinen Terminkalender«, sage ich. »Dann zeigst du mir, wann ich es hätte machen können.«
»Schrei nicht!«, sagt sie.
»Ich habe nicht geschrien!«, schreie ich.
Man muss den Keller aber wirklich aufräumen. Bloß: Wohin dann mit Tisch und Stühlen?
Ich rufe den Händler an. Nimmt er sie zurück? Er könne nicht, sagt er, sein Lager sei voll, selbst der Keller …
Ich inseriere. Niemand meldet sich.
Der Keller erinnert an eine Geschichte aus Friedrich Torbergs *Tante Jolesch*, eine Anekdote aus dem *Prager Tagblatt*. Da gab es einen Sportredakteur von legendärer Unordentlichkeit: Dr. Raabe-Jenkins. Sein Büro war ein Chaos, wie mein Keller ein Chaos ist. Als in den Umsturztagen 1918 tschechische Radau-Nationalisten die Redaktion plündern wollten, stürmten sie zuerst Raabe-Jenkins' Büro, kehrten aber angesichts des

wüsten Bildes mit den Worten »Hier waren wir schon!« sofort wieder um.

Ach, wenn doch jemand meinen Keller plündern würde!

Ich rufe Bruno an, meinen alten Freund. Bruno sagt, er denke schon lange, in jedem Haus müsste es einen Vernichtungsraum für nicht benötigte Gegenstände geben. Man nimmt das Zeug, stellt es hinein. Am nächsten Tag ist es nicht mehr da. Natürlich müsse man aufpassen, kein spielendes Kind dort zu vergessen, sagt Bruno.

Und wie wäre es, frage ich, mit einer Verkleinerungsmaschine? So was Ähnliches habe es in einer legendären Folge von *Mit Schirm, Charme und Melone* gegeben, sagt Bruno. Terroristen hätten sich irgendwie verkleinern können und seien in geheime militärische Anlagen eingedrungen. Den Rest habe er vergessen.

Alles wird kleiner, sage ich abends zu Paola. Handys werden kleiner, Computer auch, nur das Zeug in meinem Keller nicht. Neulich habe ich was gelesen über Roboter, die nicht größer sind als Bakterien. Man kann sie einem Menschen in die Blutbahn spritzen. Dort suchen sie nach verengten Stellen in den Adern oder nach Krebszellen – unglaublich, aber wahr. In eine Verkleinerungsmaschine, sage ich zu Paola, könnte man die Möbel hineinstellen. Dann würde man auf einen Knopf drücken, und, ping!, wären sie so klein, dass man sie in einer Zündholzschachtel aufbewahren könnte. Oder noch kleiner, so dass man sie in mein Blut zu injizieren in der Lage wäre. Dort könnten sie verengte Stellen suchen. Oder anders: Die Möbel würden durch die Maschine in eine winzige Parallelwelt zu unserer Wirklichkeit hinübergeschickt. Dort könnten sie von kleinen Parallelmenschen benutzt werden, bis wir sie wieder brauchen, zurückholen und …

»Schätzchen …«, unterbricht Paola mich sanft.
»Ja?«, sage ich.
»In der Zeit, in der du dir den ganzen Quatsch ausgedacht und mir erzählt hast, hättest du schon den halben Keller aufräumen können, nicht wahr?«

Der Upsidedown-Christbaum

In der Zeitung habe ich gelesen, in Deutschland würden pro Jahr rund 28 Millionen Christbäume verkauft, Jahr für Jahr würden es mehr, die Zahl der Singles steigt, und alle wollen wenigstens einen Baum, wenn sie schon sonst niemanden haben. Eine unglaubliche Zahl, nicht wahr? 28 Millionen, *das* ist ein Waldsterben.

Und in Amerika, las ich mal, sei der *Upsidedown*-Christbaum der letzte Schrei, man hängt ihn an der Decke auf, die Spitze nach unten und hat so endlich Platz für Geschenke und die Oma. In der Regel ist der Baumelbaum aus Plastik, doch denkt man nicht unwillkürlich an Nadeln, die in den Jackenkragen regnen? Andererseits könnte man sie in einer Wanne unter dem Baum gleich auffangen, wenn man Wannen unter Christbäumen mag.

Jedenfalls spart man Platz, und Ehepaare können in kleinen Wohnungen den Baum zwischen ihren beiden Sesseln aufhängen, man sieht sich dann auch nicht so. Hängen wir überhaupt nicht viel zu wenige Dinge auf in unsere Heimen? An den meisten Zimmerdecken sieht man bloß Lampen, scheußliche Raumvergeudung im Grunde, warum hängen wir nicht auch Schränke, Stühle, Tische und uns selbst auf und kommen nur zu Weihnachten herunter?

In Dänemark soll es Versuchswälder geben, in denen der Nordmann seine Tannen an Wolken hängend nach unten wachsen lässt …

Zeit der Rituale

Weihnachten ist die Zeit der Rituale: Den Christbaum kaufe ich immer ganz zuletzt, einen Tag vor Heiligabend, Paola wird jedes Mal verrückt vor Angst, ich könnte keinen Baum mehr bekommen oder nur ein räudiges Restbäumerl mit dünnen Ästen.

Ich aber lebe immer von Neuem in dem Gefühl, so kurz vor dem Fest müsste ich meinen Christbaum billiger bekommen, weil ja der Händler mit der Ware nach Weihnachten nichts anfangen kann, er kann sie nicht aufheben bis zum nächsten Jahr, kann den Baum nicht in den Wald zurückpflanzen. Er müsste so knapp vor Heiligabend in Schlussverkaufsstimmung sein, alles mehr oder weniger herschenken.

Aber was ich jedes Jahr wieder vergesse, das ist, erstens: Auch ich sitze in der Christbaumfalle. Ich kann nicht ohne Baum heimkehren. Selbst wenn der Verkäufer jetzt die Preise erhöhen würde – ich müsste kaufen. Zweitens: Wenn man etwas billiger haben will, muss man handeln. Das kann ich nicht. Ich konnte es nie. Ich bin zu schüchtern. Einmal dachte ich (als ein neues Rabattgesetz eingeführt wurde), es würde sich meine Situation bessern. Ich dachte, überall würden mir nun Verkäufer entgegeneilen, »Rabatt!« schreiend, sich überbietend in der Gewährung höchster Nachlässe. Nichts. Ich müsse mich selbst bemühen,

hieß es, müsse feilschen. Selbst dann sei das Personal gehalten, nichts billiger herzugeben, sondern eine Zugabe zu verschenken.
Eine Zugabe? Was soll ich beim Christbaumhändler für eine Zugabe bekommen? Einen zweiten Baum? Das erinnert mich an eine Notiz in Thomas Manns Tagebuch vom 24. Dezember 1918: »Moni, die, wie Golo, auf Wunsch ein kleines Separatbäumchen bekommen hatte, kam damit hereingetanzt und küßte das Bäumchen.«
Ein Separatbäumchen ... Ich könnte beim Händler einen Separatbaum für Luis verlangen, aber erstens würde ich den auch bezahlen, wie ich mich kenne. Zweitens würde Luis wollen, dass dieser Baum in seinem Zimmer aufgestellt werde, Kerzen bekomme, diese Kerzen auch zu brennen hätten – er hat gerade so eine pyromanische Phase, ständig fummelt er mit Streichhölzern herum.
Wie heißt es dazu in Helmut Qualtingers Travnicek-Dialogen?
FREUND: Sie haben keine Poesie, Travnicek. Denken Sie an Ihre Kindheit. Was pflegten Sie da zu Weihnachten zu kriegen?
TRAVNICEK: Watschen.
FREUND: Warum?
TRAVNICEK: Ich pflegte den Baum anzuzünden.
FREUND: Absichtlich?
TRAVNICEK: Naa. Es hat sich so ergeben.
Im Übrigen, was Rabatt angeht: Heute haben sicher auch Christbaumhändler Bonusprogramme oder Membership-Rewards-Systeme, bei denen man nach zwanzig Jahren treuen Kaufs eine Tanne gratis erhält, jedoch nur, wenn sie nachts zwischen drei und vier Uhr online bestellt wurde. Und nicht zwischen 30. Oktober und 6. Januar.
Wo hatte ich angefangen? Bei Ritualen. Thomas Mann las Weihnach-

ten gern aus Eigenem vor, das könnte man aufnehmen, seinerseits aus Manns Tagebüchern vorlesen, was er jeweils am 24. Dezember notierte, in München, der Schweiz, den USA, sehr oft etwas über den Christbaum, 1935 etwa: »Bescherung schöner und brauchbarer Dinge an alle im Licht eines schlanken Baumes mit etwas zu steilen Zweigen.« Mit etwas zu steilen Zweigen ... Ist es nicht großartig?

Wenn ich dann einen Baum habe, muss ich den Christbaumständer suchen. Seit Jahrzehnten fällt mir traditionell erst nach Ladenschluss ein, dass man dazu einen Ständer braucht – nie weiß ich, wo ich ihn vergangenes Jahr verstaut habe, den ganzen Keller muss ich absuchen, irgendwo muss er sein, und Paola wird mich beschimpfen, oh, wird sie mich beschimpfen...

Dann werde ich, ganz kurz bevor ich die Kerzen anzünde, den Feuerlöscher suchen und entdecken, dass seine Füllung bereits vor Jahren hätte erneuert werden müssen, dass er nichts nützt, der Feuerlöscher. Er ist untauglich so, wenn es mal brennen sollte, wird Paola sagen, wo ist der Wassereimer?, wird sie fragen, jedes Jahr müssen wir einen Wassereimer neben den Baum stellen, dabei hätte man nur nach dem letzten Weihnachten den Feuerlöscher zum Füllen bringen müssen. Und ihre Angst vor dem Brand wird sich auf mich übertragen, plötzlich werde ich mich vor einem weihnachtlichen Zimmerbrand fürchten, es ist, als hätte sich die Brandangst meines Großvaters auf mich übertragen. Als hätte ich sie geerbt.

Ist es nicht erstaunlich, noch so viele Jahrzehnte nach 1945 gibt es solches Kriegserbe in mir?

Aber es brennt nie bei uns, das ist auch eine Tradition, dass es bei uns nie brennt, jedes Jahr brennt es nicht...

Besuch am Heiligen Abend

Das ist jetzt viele Jahre her. Wir wohnten damals in einem Vorort, im Grünen. Am 24. Dezember nachmittags um drei klingelte es an der Wohnungstür. Wer kann das sein?, dachte ich.
Der Nikolaus, der den 6. Dezember verschlafen hatte und nun verzweifelt seine Verspätungen aufzuholen versuchte?
Das Christkind, das die Spannung nicht mehr ertrug und bereits jetzt mit seinen Familienbesuchen begann?
Es war der Zeitungsmann.
Ich mochte ihn nicht. Ich mochte ihn nie. Oft steckte er die Zeitung zu spät in den Kasten, erst um halb acht oder so, wenn ich sie längst gelesen haben wollte. Auch hatte es Tage gegeben, an denen er sie gar nicht gebracht hatte; ausgerechnet jene Tage waren dies, an denen ich mich besonders nach dem Blatt gesehnt hatte, beim Morgenkaffee die Erörterung eines wichtigen Fußballspiels hatte lesen wollen oder die Ergebnisse einer größeren Wahl. Ich sah den Mann selten, aber einmal war ich hinter ihm früh den Bürgersteig entlanggegangen, als er einen Stapel Zeitungen aus seinem Karren hob, ihn von der Verpackungsschnur befreite, die das Papier umgebende Folie zerriss und alles zusammen achtlos in den Rinnstein warf – ein Vorgang, der den Spießer in mir

so empörte, dass ich dem schludrigen Zeitungsmann einige zornige Worte zurief, die er wohl hörte, aber nicht beantwortete. Geduckt verschwand er stattdessen mit der ausgepackten Ware über dem Arm im nächsten Haus.

Jetzt stand er vor der Tür, ein fetter, kahler Mann mit einem unterwürfigem Lächeln im Gesicht, seltsamerweise (obwohl es draußen Minusgrade hatte) nichts als ein verwaschenes, aber schon sehr lange nicht mehr gewaschenes T-Shirt sowie eine Jeans, die auch ohne ihn gestanden hätte, und Gummistiefel auf dem ungeschlachten Leib. Auf der Glatze noch einige Schneeflocken. Hielt einen Stapel Kalenderchen in der Hand, von denen er mir einen reichte, während er mit seinem slawischen Akzent sagte: »Ich bin Zejtungsausträger und winsche Ihnen frohäs Fäst und guttes neies Jahr.«

Das wäre ja nun der Moment. Entweder den Kalender zu nehmen und die Tür mit einigen Dankesworten wieder zu schließen. Oder ihm in aller Ruhe zu erklären, dass ich die Zeitung in Zukunft morgens erstens pünktlich und zweitens überhaupt zu erhalten wünschte. Und dass er seinen Müll bitte nicht auf dem Bürgersteig entsorgen wolle. Und ihm dann ein karges Trinkgeld in die Hand zu drücken. Oder nur ein Marzipanbrot. Oder ihm ein besseres, ja, ein sehr gutes Handgeld zu geben und dabei zu sagen: Sehen Sie, das gebe ich Ihnen, aber ab sofort möchte ich die Zeitung täglich auf dem Fußabtreter vor meiner Wohnung liegen haben, damit ich nicht im Bademantel zum Briefkasten hinuntergehen muss.

Hätte man alles sagen können. Wäre alles möglich zu tun gewesen. Wenn man nicht ein Typ wäre, der noch unzuvorkommendste Kellner mit Trinkgeldern ausstattet, als hätten sie einen mit einem Fünf-

Sterne-Service verwöhnt. Wenn man nicht vom Schicksal mit einer Konfliktunfähigkeit ausgestattet wäre, die einen selbst sehr schlecht geplättete Hemden bei *Olgas Bügelservice* lachend und mit üppigen Dankesworten in Empfang nehmen lässt. Wenn man nicht so komplett reklamationsunfähig wäre, dass man noch für einen im Café gekauften und an der Unterseite verschimmelten Apfelstrudel die Schuld bei sich selbst suchen würde.

Hat sicher auch ein schweres Leben, denkt so ein Mensch über diesen liederlichen Abonnementsknecht vor seiner Tür. Muss vielleicht den Abend alleine saufend in einer Vorstadttrinkhalle verbringen.

»Na, ich wünsche Ihnen auch was. Hier nehmen Sie, und einen schönen Abend noch!«, hörte ich eine Stimme sagen, die der meinen verblüffend ähnelte, und ich sah eine Hand zwanzig Euro aus einem Portemonnaie nehmen, das meines sein gewesen könnte, so glich es ihm, und sah dieses Geld in des Mannes feiste Zeitungsträgerfaust wechseln. Ich schloss die Wohnungstür und fragte: War das jetzt eine gute Tat? Oder nur das Gebaren eines Schwächlings? Blickte aus dem Fenster und sah den Mann, wie er sich einen roten Mantel überwarf, eine rote Mütze auf den Kopf setzte, durch den Schnee zu seinem Schlitten stapfte, auf den Bock stieg und den Rentieren die Peitsche gab.

Advent, Advent,
ein Schnäpschen in der Kehle brennt
erst eins
dann zwei
dann drei
dann vier
dann steht
die Christel
vor der Tür

Das Monster

Es war ein schönes Weihnachtsfest damals, eines mit einem richtigen Winter drum herum. Draußen war es kalt, und es schneite seit Tagen immer wieder, sodass die Straßen weiß waren. Auch an diesem Heiligen Abend schneite es.

Luis bekam, unter anderem, ein Monster zu Weihnachten geschenkt. Er hatte sich das Monster gewünscht, irgendwas war damals gerade mit Monsterfilmen im Kino, alle Kinder redeten nur noch von diesen Monstern, also wünschte er sich eines.

Allein: Es war kein Fertigmonster, sondern ein Monster zum Zusammenbauen. Luis packte also unter dem Christbaum Monsterarme, Monsterbeine, einen Monsterkörper sowie ein einzelnes Monsterauge aus, aber dann wandte er sich schon dem nächsten Geschenk zu, und ich versuchte währenddessen, das Monster zusammenzusetzen.

Ich las in der Gebrauchsanweisung: »Bite nemmen Sii zunext diArme plus diBeine un dann dem KERper uznualliraige dem Schlaim stekken Fuss. Knallzuvrdsrdt Baaaaterie Rehragout schanlluvait dem.«

Das half mir nur wenig, und so verließ ich mich auf mein Gefühl, aber weil ich wenig Ahnung von Monstern habe und noch weniger vom Basteln, und weil ich auch nicht viel Freude an solchen Tätigkeiten habe

und weil ich schon zwei Gläser Schampus getrunken hatte und, ja, auch neugierig auf meine eigenen Geschenke war und so weiter, hörte ich also auf mit dem Zusammenbau.
Die Monsterteile lagen auf einem Haufen vor dem Christbaum. Bis Luis sie dort wieder entdeckte.
»Papa?!«, fragte er. »Bauen wir das jetzt zusammen?«
»Ach«, sagte ich, »weißt du …« Und ich hoffte, das Monster würde sich irgendwie selbst zusammen bauen oder Paola hätte vielleicht Lust dazu.
Nein, sie hatte plötzlich sehr dringend in der Küche zu tun, und außerdem fand sie, das Zusammenbauen solcher Dinge sei meine Sache, Männersache.
Ich las wieder in der Gebrauchsanweisung. »Rrölluzunumi dem Kofp unddann frtgmchn Rehragout Knallzuvrdsrdt.«
»Luis«, sagte ich. »Lass es uns doch nach dem Essen machen. Ich muss auch noch nachgucken, ob wir überhaupt Batterien für das Ding haben, es sind ja mal wieder gar keine Batterien in der Packung.«
Und ich ging, um die Batterien zu suchen. Dann ging ich in die Küche. Dort blieb ich eine Weile, um Paola zu helfen. Als das Essen fertig war, riefen wir Luis. Er antwortete nicht. Wir riefen wieder. Er antwortete wieder nicht.
Dann hörten wir ein Geräusch, ein seltsames tiefes Grollen.
Wir rannten beide auf den Flur, um nach Luis zu sehen. Er stand am Ende des Flures, vor dem Wohnzimmer. Und er hatte das Monster ganz alleine zusammengebaut, was ich daran erkennen konnte, dass dieses Monster den Flur entlang auf mich zuwankte, mit einem zotteligen, im Halbdunkel grün fluoreszierenden Fell und nur einem Auge im Kopf,

während aus seiner Kehle ein tiefes Grollen drang und dann ein Wort: »Rehragout.« Immer wieder: »Rehragout.«
Luis blickte dem Wesen entgeistert nach. Paola lief zu ihm, am Monster vorbei. Ich stellte mich ihm entgegen. Es war nur kniehoch, aber es schob mich mit erstaunlicher Armkraft beiseite.
»Rehragouuuuut!« Sein Ruf wurde jetzt dringlicher. Es drang in die Küche vor, ging zielsicher auf den Esstisch zu und nahm die Schüssel mit unserem Weihnachtsessen vom Tisch.
Und mit einem noch mehrmals wiederholten »Rehragout!«, dann einem leisen *Stille Nacht* auf den Lippen und einem Topf Rehragout in den Armen ging das Monster hinaus ins Schneegestöber. Staunend blickten wir ihm nach. Niemand wagte, es aufzuhalten, so wundersam war der Anblick, vom dem ich nicht zu berichten wagen würde, hätte ich nicht alles mit eigenen Augen gesehen.
Es war ein sehr schöner Weihnachtsabend, wir aßen die Spätzle, die für das Rehragout gedacht waren, mit Eiern abgeröstet. Dem Monster sind wir nie wieder begegnet.

Die Autorennbahn

Menschen bauen Flugzeuge, die achthundert Leute fassen. Menschen schicken Raumschiffe zum Saturnmond Titan. Menschen haben die genetischen Codes aller möglichen Lebewesen entziffert.

Man sollte meinen, es müsste möglich sein, eine funktionierende, diverse Belastungen klaglos ertragende Spielzeugautorennbahn zu bauen. Das scheint aber schwierig zu sein.

Jedenfalls steht bei uns im Flur ein Karton mit einer Spielzeugautorennbahn. Der Luis hat sie zu Weihnachten bekommen. Nun werden wir sie ins Geschäft zurückbringen. Aber wir wollen sie nicht umtauschen. Wir wollen keine neue Bahn. Wir wollen gar keine mehr. Nie mehr.

Als ich ein kleiner Junge war, träumte ich von nichts so sehr wie von einer Autorennbahn. Ich stellte mir vor, wie ich damit die spannendsten Rennen veranstalten würde, wie meine Freunde und ich Runde um Runde rasen würden, Stoßstange an Stoßstange um Vorsprünge kämpfend – welche ein Spaß das wäre!

Dann bekam ich eine Bahn zu Weihnachten. Ich war angefüllt mit Freude. Wir bauten die Bahn auf. Wir begannen zu fahren. Aber ich weiß nicht, war ich zu klein?, war ich fingermotorisch unbegabt?, es gelang mir nicht, auch nur zwei Runden nacheinander unfallfrei zu fahren. Immer flog mein Wagen aus der Kurve, immer musste ich über die Bahn hinwegsteigen, um die kleinen Stromabnehmer wieder in die Elektroführungsschiene zu setzen.

Dann trat ich aus Versehen auf die Bahn und beschädigte sie. Dann gingen die Leitplanken kaputt. Dann fehlten die Stützen für die Brücke.

Darauf baute ich die Bahn ab, verpackte sie, stellte sie weg und holte sie nie wieder hervor.

Aber mein Bruder wünschte sich Jahre später auch eine Bahn. Er träumte von nichts so sehr wie davon. Er stellte sich vor, wie er damit die spannendsten Rennen veranstalten würde, wie seine Freunde und er Runde um Runde rasen würden, Stoßstange an Stoßstange um Vorsprünge kämpfend – welch ein Spaß das wäre!

Mein Vater holte meine Bahn hervor, reparierte sie und gab sie dem Bruder. Dessen Herz war angefüllt mit Freude. Er baute die Bahn auf. Aber ich weiß nicht, war er zu klein?, war er fingermotorisch unbegabt?, es gelang ihm nicht, zwei Runden nacheinander unfallfrei zu fahren. Immer flog sein Wagen aus der Kurve, immer musste er über die Bahn hinwegsteigen, um den Stromabnehmer wieder in die Elektroführungsschiene zu setzen.

Dann trat er aus Versehen auf die Bahn und beschädigte sie. Dann gingen die Leitplanken kaputt. Dann fehlten eines Morgens die Stützen für die Brücke.

Darauf baute er die Bahn ab, verpackte sie, stellte sie weg und holte sie nie wieder hervor.

Der Nächste, der sich eine solche Bahn wünschte, war Luis' Cousin Paul.

Er träumte von nichts so sehr wie davon. Er stellte sich vor, wie er damit die spannendsten Rennen veranstalten würde, wie seine Freunde und er … ja, ja, er bekam sie von seinem Vater. Alles lief wie immer, sie steht heute noch auf einem Speicher.

Nun war Luis dran. Er träumte von nichts … Nein, es war Paola, die gern eine solche Bahn gehabt hätte. Oder: die wollte, dass Luis eine Bahn hat. Sie träumte von nichts so sehr wie davon, sie stellte sich alles so vor, wie ich es mir als Kind vorgestellt hatte, und wenn ich von Erfahrungen berichtete und sagte, dass ich nie wieder eine Bahn in meiner Nähe zu sehen wünschte, redete sie vom Fortschritt. Davon, dass alles anders sei als damals.

Also bekam Luis die Bahn, eine digitale mit Computer. Luis baute sie zusammen mit Paola auf. Mein Bruder, Paul und ich weigerten uns, sie anzusehen.

Aber sie fuhr prächtig. Die Wagen hielten die Spur, die Bahn wurde nicht beschädigt, die Leitplanken blieben heil, die Brückenstützen vollzählig. Eine Stunde lang. Dann sah man auf dem Display des Computers das Wort *overload*.

Das war neu. Das interessierte uns alte Hasen. Nach und nach tröpfelten wir herein, studierten die Gebrauchsanweisung, bauten die Bahn ab und wieder auf, grübelten, bastelten – nichts. *Overload* blieb, die Bahn fuhr nicht.

Nun kommt sie weg. Für immer. Ich nehme an, dass überall auf der Welt Menschen die größte Freude mit ihren Rennbahnen haben. Es ist nur ein Problem unserer Familie. Wir sind verflucht, was das angeht. Forscher müssten eine Bahn speziell für uns Spielzeugautorennbahnidioten entwickeln. Das ist zu viel verlangt.

Manchmal denke ich aber, das mit den Achthundert-Mann-Flugzeugen, dem Titan-Raumschiff und den genetischen Codes stimmt auch alles nicht. Sie lügen uns an. Sie machen uns im Fernsehen etwas vor. Sie inszenieren solche Märchen.

Der Gameboy

Natürlich sind Erwachsene gegen Gameboys. Gameboys sind blöd. Aber hier ist nun eine Geschichte, die zeigt, wie ein Gameboy einen kleinen Buben (auf Umwegen) dazu brachte, die großen Fragen des Daseins zu stellen.

Luis hat einen Gameboy zu Weihnachten bekommen. Er sollte eigentlich keinen bekommen. Paola und ich waren dagegen.

»Nie kommt so ein Ding ins Haus«, sagte Paola.

»Ganz recht«, sagte ich. »Zur Hölle mit allen Gameboys.«

Aber dann schrieb Luis vor Weihnachten auf seinen Wunschzettel nur ein einziges Wort: Gameboy.

Paola und ich beschlossen, nicht nachzugeben. Wir kauften Lego-Spielzeug. Luis jedoch redete wochenlang nur vom Gameboy. Endlich werde er einen Gameboy haben, endlich müsse er nicht mehr den Gameboy von Rudi, seinem Freund, ausleihen, endlich …

Paola und ich wechselten bedenkliche Blicke, aber wir blieben hart. »Nichts da!«, flüsterten wir uns zu, »nie!«

Am Morgen des Heiligen Abend wachte Luis auf, tanzte durch den Flur und rief fröhlich: »Heut' Abend, heut' Abend …!«

Da verlor Paola die Nerven. Eine solche Enttäuschung werde sie nicht aushalten, rief sie, ging hin und kaufte, kurz vor Geschäftsschluss, einen Gameboy, für Luis.

Den bekam er am Abend. Unvergesslich, wie er bei fünf oder sechs vor ihm unter dem Christbaum liegenden, wunderschön verpackten Geschenken sofort das kleinste schnappte, öffnete, es bejubelte – und alle anderen erst nach ungefähr einer halben Stunde und mehreren dringenden Aufforderungen von Eltern und Großeltern überhaupt nur beachtete.

Seitdem sitzt er vor der kleinen Maschine, glotzt aufs Display, bedient mit zitternden Däumchen die Tastatur. Wenn man sagt, er solle was anderes spielen, antwortet er nicht. Tippt man ihm auf die Schulter und wiederholt die Aufforderung, murmelt er: »Oh, ich kann jetzt fliegen, wie geht das noch mal?« Tippt man ihn wieder an, schreit er: »Lass mich, ich habe nur noch ein Leben!« Packt man ihn an der Schulter und schüttelt ihn, brüllt er: »Hör auf, ich bin im dritten Level!« Er ist da und doch nicht da, er ist irgendwo anders.

Dann, zwei Tage nach dem Fest, reicht es Paola. Sie schreit: »Schluss! Her mit dem Gameboy, jetzt wird spazieren gegangen, ein Kind braucht frische Luft!«

Luis brüllt: »Du hast alles versaut!« Aber Paola kennt keine Gnade, Luis muss raus. Weil er nicht allein spazieren gehen kann, muss ich mit, zu blöd, ich mag Spazieren auch nicht. Auf diese Weise ist der Gameboy verantwortlich dafür, dass wir spazieren gehen, Luis und ich.

Wir gehen in den Englischen Garten, an einem kalten Wintertag. Mit von der Partie: Luis' Cousin Peter. Der ist sechzehn und mag Spazieren am allerwenigsten. Aber er ist gerade zu Besuch, weil seine Eltern beim Skifahren sind, für drei Tage, und er nicht Ski fahren kann, er hat sich beim Treppensteigen einen Zeh gebrochen, kurios, aber wahr.

Er muss mit, Pech für ihn. Wir trotten zum Kiosk bei Kleinhesseloher See, kaufen Gummischlangen und weiße Mäuse, essen die und trotten weiter. Auf einer Wiese sitzt ein Krähenschwarm, große schwarze Tiere, mit den Krallen an der dünnen weißen Schneedecke kratzend. Als wir näher kommen, stampft Peter auf den Boden. Die Krähen fliegen auf und setzen sich ein paar Meter weiter wieder hin.

»Lass das!«, schreit Luis.

»Warum?«, fragt Peter.

»Es ist Tierquälerei!«

»Das ist keine Tierquälerei!«, sagt Peter und stampft noch mal auf, sodass die Krähen sich wieder erheben.

»Du sollst es lassen!«, ruft Luis. »Du quälst die Raben!«

»Es sind keine Raben, es sind Krähen«, sagt Peter.

»Nein, Raben!«

Ich doziere: »Es sind Krähen. Krähen sind Rabenvögel, eine Familie, zu der auch die Raben selbst gehören. Ihr beiden gehört ja auch zu einer Familie.«

Luis schubst seinen Cousin. »Hör auf, Luis, du quälst mich!«, ruft Peter. Er kickt mit dem Fuß einen Ast ins Gras, der auf dem Weg liegt.

»Lass das!«, schreit Luis. »Das tut der Pflanze weh!«

Peter lacht. Ich sage: »Der Ast ist tot, Luis, davon spürt die Pflanze nichts.« Was ist mit Luis los? Im letzten Sommer noch hatten wir bei Freunden eine kleine Elster gefüttert, die aus dem Nest gefallen war. Luis hatte einen riesigen Regenwurm gefunden. Als er ihn dem Elsterchen geben wollte, hatte jemand gerufen: »Der ist ja viel zu groß für sie.« Da hatte Luis den Wurm mittendurch gerissen. Nun tun ihm tote Äste leid, die auf dem Weg liegen.

»Warum tut dir der Ast leid, Luis?«, frage ich.
»Mir tut alles leid«, sagt Luis. Er trottet neben mir. »Mir tun Raben leid, Pflanzen tun mir leid, mir tun die Äste leid, mir tut der Boden leid, auf dem wir gehen. Alles tut mir leid ... Ich meine, warum müssen wir hier gehen, wenn wir Raben ärgern, Pflanzen treten und dem Boden wehtun? Wozu ...« Er ringt nach Worten, dann bricht es aus ihm heraus: »Ich meine, wozu sind wir eigentlich da?!«
Wenn Luis schön viel Gameboy spielt und wir in den kommenden Wochen ordentlich spazieren gehen – vielleicht finden wir bald die Antwort?

Ein Abend in der Kneipe, nach Weihnachten

EIN KNEIPENTRESEN. Vier Schokoladen-Weihnachtsmänner in erheblich ramponiertem Zustand lehnen an ihm. Sie heißen Kurt, Paul, Manfred und Günter.

KURT: »Hättichnich gedacht.«

PAUL: »Dass wir uns noch mal.«

MANFRED: »Wiedersehn.«

GÜNTER: »In diesem Leben.«

KURT: »Dass wir noch mal.«

PAUL: »Zusammenkomm.«

MANFRED (höhnisch): »So jung.«

Sie kippen Asbach aus halb geöffneten Weinbrandbohnen.

KURT: »Wisst ihr noch.«

PAUL: »Wie wir da standen.«

MANFRED: »Bei Karstadt.«

GÜNTER (bitter): »Die sind ja nun auch pleite.«

KURT: »Im Regal.«

PAUL: »In Reih.«

MANFRED: »Und Glied.«

Sie kippen wieder Asbach.

Kurt: »Das war doch schön.«
Paul: »So in Erwartung.«
Manfred: »Des großen.«
Günter: »Festes.«
Kurt: »Diese Gemeinsamkeit.«
Paul: »Diese Kameradschaft.«
Manfred: »Dieses Menschliche irgendwie.«
Asbach. Kurt schiebt sein verrutschtes Stanniol-Gesicht wieder zurecht. Paul fällt der Kopf vom Körper; die anderen setzen ihn mit ungelenken Bewegungen wieder auf. Manfred fällt torkelnd, weil dort, wo seine Füße sein sollten, ein riesiges Loch klafft. Die anderen stützen ihn.
Kurt: »Das hat uns ja keiner gesagt, in der Fabrik, damals. Was da auf uns zukommt.«
Paul: »Nur immer vom Fest hamse jesprochn. Von Besinnlichkeit.«
Manfred: »Und dass wir Bestandteil von was Großem sind.« (gallig): »Ein wesentlicher, unersetzlicher Bestandteil.«
Günter: »Und vom Glanz der Kinderaugen.«
Kurt: »Kinderaugen ...« Beginnt hemmungslos zu weinen.
Paul (schreit): »Diese Glubschfinger! Dem Werner hamse bei lebendjem Leib das ganze Stanniol vom Körper gepellt.«
Manfred (leise): »Wie der jeschrieen hat ... Und die hörn dit ja nich ma ... Die reagiern ja nich, die machen einfach weiter.«
Neue Runde Asbach.
Günter: »Der Werner, Mensch!«
Kurt: »Der hatte sich doch am meisten gefreut, auf das Fest.«
Paul: »Hat im Regal immer so leise vor sich hin gesung.«
Manfred: »O Tannenbaum.«

GÜNTER: »Und dann hat ihm einer …« (schluchzt) »Hat ihm einer … Hat ihm einer …« (schluchzt mehr) »Hat ihm einer … mit einem einzigen riesigen Happs …« (bekommt einen Schluchzkrampf)

KURT: »Den Kopf abjebissn. Weg war er, der Wernerkopf. In so nem riesigen sabbernden Kindermaul, so ner Nutellafresse.«

PAUL: »Der Werner. Der hat gar nicht kapiert, was da passierte. Richtig entgeistert hat der ausgesehen, na ja, *hätte* …«

MANFRED: »Wenn er noch einen Kopf gehabt *hätte*.«

Fast achtlos kippen sie jetzt den Asbach, wie Automaten.

GÜNTER: »Was wir gesehen haben.«

KURT: »Das möchte man nie wieder.«

PAUL: »Erleben.«

MANFRED: »Zerdrückte Leiber, nur noch vom Stanniol zusammengehalten. Trümmerbrüche.«

GÜNTER: »Heiße, fette Hände. Schokoladenschleim. Zerfließende Körper. Schmelzen bei lebendigem Leib.«

KURT (weint leise): »Den Heinz hat einer, von oben bis unten … abgeschleckt …«

PAUL: »Mit sonner heißen, weichen, roten, glibbrigen Bubenzunge.«

MANFRED: »Den Ernst hat einer fast ganz verschlungen und dann lebendig – erbrochen.«

GÜNTER: »Man dachte ja, es würde nie enden, aber nun …«

Ein Schwingtür öffnet sich. Zwei riesige Schokoladenhasen in Krankenwärterkitteln betreten den Raum.

ERSTER HASE: »So, Männer, genug gesoffen, Pause beendet, es geht weiter.«

ZWEITER HASE: »Neues Leben, neues Glück.«

Erster Hase: »Tut auch gar nicht weh. Wird euch nur ein bisschen warm.«
Zweiter Hase: »Müssen wir alle mal durch.«
Erster Hase: »Mussten wir ja auch.«
Zweiter Hase: »Umschmelzen!«
Erster Hase: »Sind ja nur noch vier Monate.«
Zweiter Hase: »Bis Ostern.«

Die Nachweihnachtszeit

Immer ist die Rede von der Vorweihnachtszeit und der Weihnachtszeit, aber nie von der Nachweihnachtszeit. Dabei ist doch die Nachweihnachtszeit viel länger, mehr als doppelt so lang wie die Vorweihnachtszeit und Weihnachtszeit zusammen – und es gibt in dieser Zeit drei Mal so viele Probleme zu lösen.

In der Nachweihnachtszeit gibt es so Tage, da sitzt Luis im Zimmer, und die Playmobil-Männchen rufen aus dem Spielzeugkorb: »Luis, spiel mit uns!« Aber Luis spielt nicht mit ihnen.

Und aus der karierten Pappschachtel schreien die Lego-Monster mit ihren Monsterbässen: »Luuuuis, spiel mit uuuuns!« Aber Luuuuis spielt nicht mit ihnen.

Und aus den Regalen schreien die Bücher verzweifelt: »Luis, lies uns!« Aber Luis liest sie nicht.

Und aus dem Meerschweinchenkäfig fiept Kurti: »Luis, mach den Käfig sauber. Er ist ganz dreckig. Und kuschle mit mir, wenn ich schon keinen Meerschweinchenmann haben kann, der mit mir kuschelt.« Aber Luis macht den Käfig nicht sauber. Und kuscheln tut er schon gar nicht.

Ja, wie kommt das nur? Was will Luis denn?

Luis will Gameboy spielen. Der Gameboy ist ein Suchtgerät. Wenn man Luis seinen Gameboy zum Spielen überlässt, sitzt er die ganze Zeit davor und drückt Knöpfe und drückt und drückt, und man kann richtig zusehen, wie er immer zappeliger wird. In dunklen Minuten sehe ich meinen Sohn als Erwachsenen hohläugig und bleich durch die Straßen schleichen: ein Mann, untauglich fürs Leben, dem Spiel verfallen, ein Gameboy-Sklave, ein stummer, schrecklicher Vorwurf: »Wenn meine Eltern damals rechtzeitig ...«

Dann sage ich: »Luis, jetzt ist Schluss!«

Und Luis antwortet nicht, drückt und drückt.

»Luis, du hörst jetzt auf!«

Keine Antwort. Drücken, drücken.

»Luis, ich nehme dir den Gameboy weg!«

»Moment, ich bin gerade so gut.«

»Ja, aber du musst trotzdem aufhören.«

»Aber ich bin gerade im vierten Level.«

»Dennoch muss mal Schluss sein.«

»Ich war noch nie im vierten Level.«

»Drück wenigstens kurz die Pausetaste, damit ich mit dir reden kann.«

»Er hat keine Pausetaste.«

»Natürlich hat er eine Pausetaste.«

»Jahuuuuu, ich bin im fünften!«

»Luis, Schluss!«

Keine Antwort. Drücken, drücken.

Das ist der Moment, in dem ein Hass mich übermannt, ein Hass, den ich nicht kannte, ein Hass, von dem ich nicht wusste, dass man ihn empfinden kann, schon gar nicht auf ein elektrisches Gerät. Ich wusste nicht, dass man Maschinen so hassen kann.

Ich entreiße Luis den Gameboy und lege ihn auf den höchsten Schrank, den wir besitzen.

Der Schrei des Jungen ist nervenzerfetzend.

»Du kannst mir nicht einfach ...«

»Ich muss ja! Wie viele Minuten stehe ich hier vor dir, in denen du mich einfach ignorierst.«

»Ich hätte ja gleich aufgehört.«

»Das sagst du immer.«

»Wie kann man einen kleinen Jungen nur so quälen!«

Dies schreit er und verschwindet im Zimmer.

Was soll man machen? Wir haben pro Gameboy-Spielstunde eine Stunde Spazierengehen angesetzt, aber das hat nicht funktioniert, denn der Luis kann ja nicht allein spazieren gehen, und so viel spazieren gehen, wie der Luis Gameboy spielen will, kann ich nicht, bitte, wirklich nicht, ich bin auch nur ein Mensch, ein berufstätiger.

Wir haben Rationierungssysteme eingeführt, zwei Stunden pro Woche Gameboy oder so. Wir haben es mit einer Bezugsscheinwirtschaft probiert, in der Luis sich durch eine Stunde Lesen das Recht auf eine halbe Stunde Gameboy erwerben kann. Wir leben wie im Krieg, einem unerbittlichen Krieg mit einem bestimmten Teil der Spielzeugindustrie. Ich weiß nicht, ob wir siegen. Es könnte sein, dass ich eines Tages, wenn ich nicht mehr will und nicht mehr kann, den Gameboy mit den Stiefeln zertrete. Dass ich ihn mitten in der Nachweihnachtszeit von einer Brücke in die Isar werfe. Dass ich bei der Weltmeisterschaft im Gameboy-Weitwurf antrete.

Vielleicht aber lege ich das Ding auch einfach in die karierte Pappschachtel, dorthin, wo die Lego-Monster, die ja auch einmal ein Weihnachtsgeschenk waren, unaussprechliche Dinge mit ihm tun werden.

info@kunstmann.de
Lithografie: Reproline Genceller, München
Satz: Schuster & Junge, München
Druck: Pustet, Regensburg
ISBN 978-3-88897-583-7